Steiner
Schooling Report

ひびきの村
シュタイナー教育の模擬授業
大人のための幼稚園・小学校
スクーリング・レポート

著
大村祐子&ひびきの村
（小野里このみ　中村トヨ）

2000年
4月29日幼稚園の一日
4月30日小学校メインレッスン「地理」

ほんの木

まえがき

二〇〇一年四月、「ひびきの村」のシュタイナーいずみの学校で、一年生から八年生まで二九人の生徒が学んでいます。家族揃って引っ越してくる子どもたち、郷里にお父さんを残して来る子どもたち、おばあちゃんも一緒に来る子どもたち…どの子どもも教育を真剣に考える親御さんの決意によって、シュタイナー教育を受けるために伊達市に居を移しました。わたしたちは、子どもたちが自由で自立した一人の人間として生き、それぞれが持つ使命を果たすことができるよう、そして、そのために必要な力が得られるよう、力を尽そうと心を決めています。

けれど、同時にわたしたちの目には、シュタイナーいずみの学校で学ぶこの子どもたちの向こうに、たくさんの子どもたちの姿も見えるのです。そしてまた、苦悩と逡巡《しゅんじゅん》の末に、築いてきたすべてを投げ打って伊達に移っていらしたご両親の後にも、望みながらそうできずに苦悩している、大勢の親御さんの眼差しをも感じるのです。目の前にいる子どもたち、目の前にいる親御さんたちだけではなく、わたしたちはこれまで、いつでもその向こうにいる子どもたちとその親御さんたちの姿を見ながら仕事をしてきました。これからもわたしたちの仕事が、遠くにいるその子どもたちと親御さんたちの許《もと》に光となり、熱となり、力となって届くようにと願っています。

そんな思いが二〇〇〇年二月、三月、四月に東京と大阪で、三回の「シュタイナー幼稚園とシュタイナー学校の一日」というスクーリングの形になりました。

一四年前サクラメントのルドルフ・シュタイナー・カレッジのシュタイナー学校教員養成プログラムで学んでいたわたしは、プログラムの二年目に、授業の一環としてシュタイナー学校の授業を一週間参観する機会を得ました。わたしがはじめて体験したシュタイナー学校のメインレッスンは、七年生の化学「火」の授業でした。

聞いていたとおり、メインレッスンはルドルフ・シュタイナーの「詩」を唱《とな》えることから始まりました。子どもたちは歌を歌い、リコーダーを吹き、オイリュトミーの動きのエクスサイズをし、複雑な暗算をし、単語の書き取りをし…そしていよいよ「火」の授業が始まりました。担任のキース・マクラリー氏の語りは素晴らしいものでした。それは、人類がはじめて「火」に遭遇《そうぐう》したくだりから始まりました。キースの語りには音があり、匂いがあり、色があり、動きがあり、手触りさえ感じられるようでした。

…それは遥《はる》か大昔の春のある朝のことでした。山の西の斜面に突然つむじ風が起こりました。風は枯れ葉を巻き上げ、枝を揺《ゆ》すり、みるみるうちに森中の木々に伝播《でんぱ》して、山は大きく大きく揺れるのでした。ざわざわと騒がしく枝が擦《こす》れ合い、太い幹さえぎしぎしと激しく擦《こす》れ合って…やがてごーっという音と共に、山のあちこちで「火」の手があがりました。そして「火」は瞬《また》く間に広がり、やがて山全体が激しく燃え上がるのでした。

話を聞いているわたしを、熱い風が包み込み、目の前には燃えさかる大きな炎が広がりました。「火」はつぎつぎと形を変え、音を発し、赤、黄、オレンジに…色も移ろうのでした。「火」はまるで生命をもつもののようでした。わたしの心は激しく躍《おど》りました。驚嘆《きょうたん》しました。そして、「火」ってなんだろう?と考えました。わたしは「火」について知りたくなりました。「火」をもっともっと体験したいと思いました。わたしの目の前で踊るこの「火」の、美しい色や形を絵に表したいと思いました。「火」の熱さを動きたいと思いました。「火」の成分を分析したいとも考えました。

わたしのメインレッスンの初体験は実に衝撃的なものでした。これが学ぶと言うことなのだと感動しました。その時、わたしは日本の子どもたちのことを想っていました。知識を詰《つ》め込まれ、テストで試され、行動を評価され、態度や服装で判断されている子どもたちを想っていました。そして、いつか日本に帰って、心が躍らずにはいられない授業を、子どもたちに受けさせてあげたいと強く願ったのでした。シュタイナー学校のメインレッスンを体験したことは、こうして、わたしの内に大きな衝動をもたらしたのです。

シュタイナー学校の授業を体験したいと、大勢の方がおっしゃいます。そう願う皆様はさまざまな動機や理由をお持ちです。けれど、残念ながら、わたしたちは皆様のご要望のすべてにお応《こた》えすることはできません。なぜなら、授業は子どものためにするものだからです。授業は子どもたちの身体と心と精神に大きな力を与えます。授業を受けることによって、彼らの内で育《はぐく》まれる力を、なにものも妨《さまた》げることはできません。それでもなお、わたしの内に大きな衝動をもたらしたメインレッスンを、多くの方々に体験していただきたいと願っています。一人でも多くの方がシュタイナー学校のメインレッスンを体験し、感動し、その感動が皆さまの内に衝動をもたらしたら…それが日本の教育が見直され、変えられる大きなきっかけになるに違いない、という確信がわたしの内にあるのです。

「ひびきの村」では、毎年夏に「シュタイナー教育を学ぶ」プログラムを組み、受講される方々にメインレッスンを体験していただきます。それでも、北海道は遠く、「ひびきの村」にお出でになれる方々は限られています。

そこで「通信講座のスクーリングをする」という案が生まれました。「ほんの木」の皆さんに助けられ、東京で2回、大阪で1回行い、大勢の皆さまとご一緒に学ぶことができました。そして、それにも参加できなかった皆さまのご希望で、スクーリングのレポートが出版されることになりました。

「ほんの木」と「ひびきの村」のスタッフが力をあわせ、1年かけてようやくまとめたのがこの本です。スクーリングに参加することができなかった皆さまにも、このレポートを通してシュタイナー学校の授業の一端を体験していただけましたら、こんな嬉しいことはありません。

「ひびきの村」は今、大きな転機を迎えています。2001年には土地を購入し、校舎と園舎を建てる予定です。2002年には高等部を始めます。その次のプロジェクトは「お年寄りと一緒に暮らす家」をつくること、次はオイリュトミー・ホールを建ててオイリュトミーのプログラムを始め、次は病院…次々と夢はふくらみます。どうぞ、皆さまの夢を「ひびきの村」に運んでください。

2001年6月　「ひびきの村」代表　大村　祐子

第1刷を出版していただいてから5年の月日が流れ、第1刷、2刷のまえがきに書きましたように「ひびきの村」は大きな転機を迎え、幼稚園、小中高等部を含む子どものための教育活動がNPO法人として認められて「シュタイナースクール　いずみの学校」となりました。そして、大人のための教育活動、バイオダイナミック農業、えみりーの庭（クラフトショップ）は別組織の任意団体「ひびきの村」として再出発することになったのです。

2003年に「ひびきの村」は伊達市郊外の丘の上に移転し、保育所（フォーレストベイ・ナーサリースクール）、どの子も一緒に学ぶシュタイナー学校（ラファエルスクール）、若者の力で世界をより良い場所にするための実践をするユース・セクション、キースキャンプ場が誕生しました。そして同時に、大人の学びの場をミカエル・カレッジと名付けました。

今、「ひびきの村」に、多くの人が暮らしています。寮には全国から集まって来たミカエル・カレッジの受講生が、コテイジには家族が、スタッフが暮らし…そして、こどもたちの声がこだましています。かけっこをするこども、虫を追いかけるこども、花をつむこども、自転車でかけまわるこども…。その上を雲がうかび、鳥がさえずり、風がながれ、東には紋別岳、南には噴火湾、西には有珠山と昭和新山が悠々とした姿を見せています。

かぎりない自然の恵みを受けながら暮らせる幸せを、どれほど感謝しても感謝し尽くすことができません。

「ひびきの村」で行われているどの活動もかけがえのない大切なものです。中でも、生まれたばかりの――どの子も一緒に学ぶラファエルスクール――は、わたしたちの宝です。ここでは、学習するために困難を持っているこどもも持たないこどもも、互いの存在をとても大切だと感じています。そして、愛し合い、尊び合い、助け合いながら学んでいます。いつの日か世界中のこどもたちが、ラファエルスクールのこどもたちのように、幸せな日々をおくることができますようにと祈りながら…この本を手にとっていただき、ありがとうございました。

2006年6月　人智学共同体「ひびきの村」代表　　大村　祐子

もくじ

資料

装丁　山内隆之（QUESTO）
レイアウト　QUESTO
本文イラスト　杉本啓子
楽譜作成　小野里このみ
表紙にじみ絵　中村トヨ
写真　高橋利直（ほんの木）
幼稚園アシスタント　丸山佳美
Special thanks :
スクーリング・コーディネート
江尻容子
松本美和子

第1日目

シュタイナー幼稚園の体験

●午前の部

●午後の部

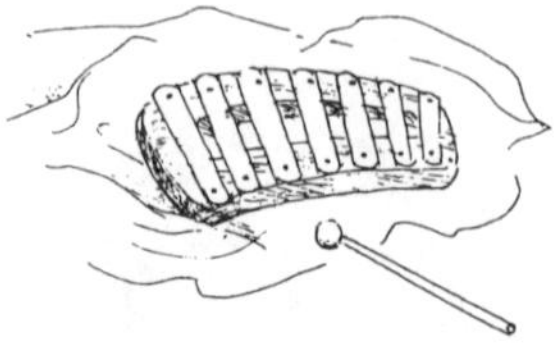

こどもの園の一日

講師／小野里このみ

ほほえみと握手から始まった…
ひびきの村「こどもの園」の模擬幼稚園。

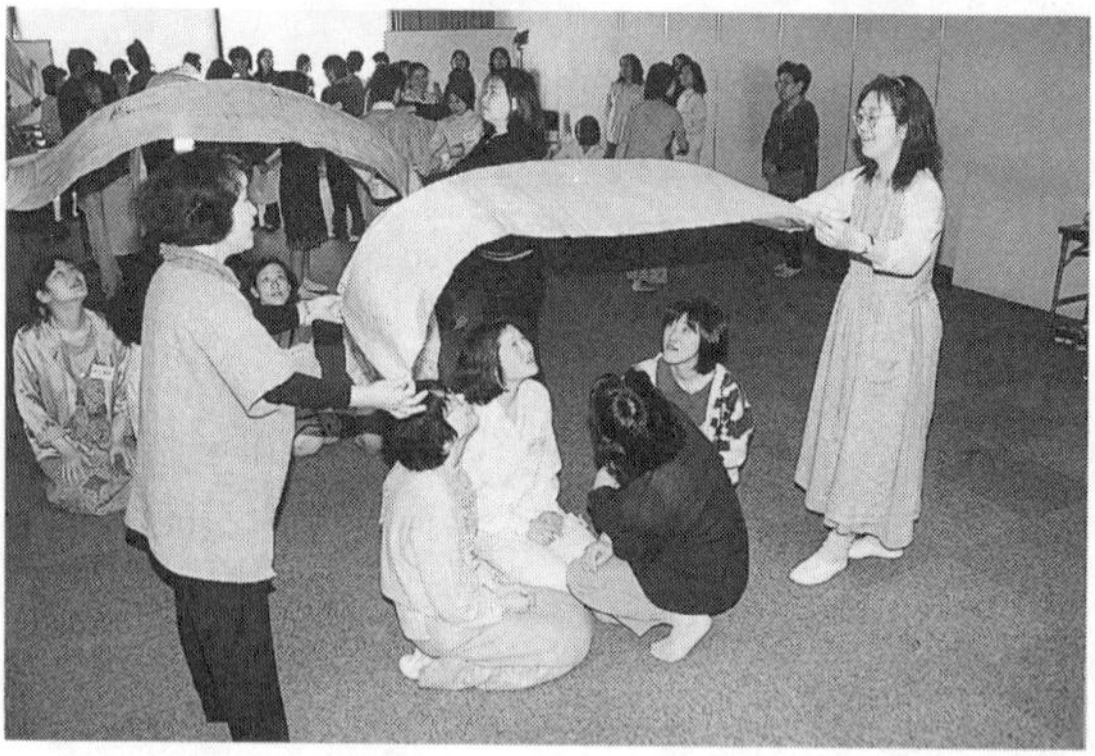

10時～11時30分　幼稚園のスクーリング
（四月二九日　午前の部-①）
10時～挨拶、スタッフ紹介（外の廊下で）

《会場となった部屋の様子》

照明は消えており、外からの朝の光が柔らかく部屋を包み込む。

壁には、薄いピンク色や淡いオレンジ色のシルクが飾られ、その下には季節のテーブルと、バスケットや竹籠《かご》に入ったおもちゃが美しく並べられている。

季節のテーブルには、春の花が飾られ、長い冬がようやく終わり、春を待ちこがれていたノームたちが楽しそうに遊んでいる。

幼稚園の一日が始まる前のその部屋は、朝の静けさに包まれている。

10時15分～
参加者は、模擬幼稚園の部屋に入る時、入口でアシスタントの丸山先生そして江尻先生と握手して入る。
丸山先生「～さん、（それぞれの名前）おはようございます」
江尻先生「～さん、おはようございます」
参加者「おはようございます」

先生達は、淡い色の無地のロングスカートに、ピンクや、ブルーの柔らかな色のエプロンを着《つ》けている。

荷物を置いた参加者は、部屋の中にいる小野里このみ先生と一度握手をしてから、先生を囲《かこ》むように、円形に床に座る。

参加者達は、名前をいわれ、目を合わせて挨拶をしたり、握手をすることがめったにないためか、照れくさそうにしていたり、少し緊張気味だったが、だんだんにほぐれていった。

スクーリングの始まりから、ゆったりとした時間の流れと、空気があった。

淡い色の絨毯《じゅうたん》の上で、靴を脱いで座り、子ども達が幼稚園にいるような雰囲気を体験してもらうことになった。

幼稚園のスクーリングの部屋は、机と椅子が片付けられて、子ども達が遊べるような大きなスペースが空いている。壁側には、季節のテーブルとおもちゃが美しく並べられている。

10時22分〜

すべての参加者が部屋に入った後、照明を落として部屋をうす暗くする。

それまで、おしゃべりをしていた参加者たちも、おしゃべりを止め、部屋が静かな空気に包まれる。

部屋いっぱいに、大きな円を作って、参加者が座っている。

季節のテーブルを背にして座っている小野里先生を中心に、模擬幼稚園の一日が始まる。

シロフォン（ペンタトニックの鉄琴）の音色が聞こえる。

小野里先生「『ひびきの村』のこどもの園幼稚園では、このように始まります」

朝のあいさつ。

始まる前の講師紹介。

季節のテーブル。

小野里先生

はじめるまえに
こころのなかに
小さな光をともしましょう
光って明るくなるように
(原典は「輝き出すように」)

(魂の幼児教育　としくらえみ著〈イザラ書房刊〉より)

小野里先生「朝の始まりの歌を一緒に歌いましょう。動きも真似《まね》て歌っていただけますか」

♪　朝の歌

おはよう　太陽さん
おはよう　大地
おはよう　石ころさん
そして　おはよう　花さん
おはよう　子猫ちゃん
おはよう　鳥さん
おはよう　お友だち
そして　おはよう　わたし

(次のページの楽譜参照)

小野里先生「はじめに詩を唱《とな》えて灯《あかり》をともして、この歌を歌って、『こどもの園』の一日が始まります。子どもは毎日それをとても喜んでしていますが、みなさんは初めてなので、びっくりした方もいらっしゃるようですね。もう一度ゆっくり歌います。さあ、太陽に出会いましょう。鳥にも花にも、子猫《こねこ》ちゃんにも出会いましょう」

♪朝の歌(今度は、参加者も一緒に動きながら歌を歌う)

小野里先生「今日も一日いい日でありますように。
(ろうそくの灯をろうそく消しで消す)
これが終わったら、子ども達は部屋の中で自由に遊び始めます。
『こどもの園』で、どんな遊びをしているかお話しします。今日は皆さんにどんなおもちゃがあるか見ていただこうと思ってちょっとずつ持ってきました」

小野里先生「大体竹の籠《かご》や、木の箱に入れているんですけれど、貝殻《かいがら》、それから松ぼっくり、どんぐり、胡桃《くるみ》が

「朝の歌」

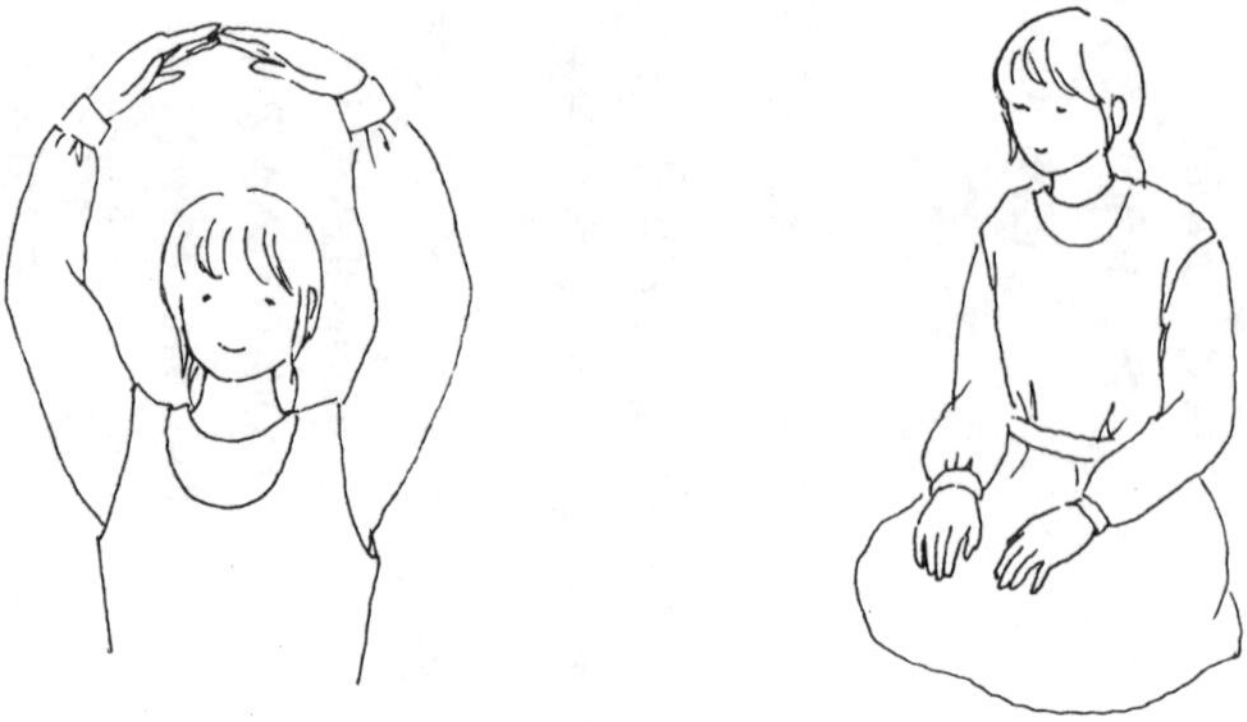

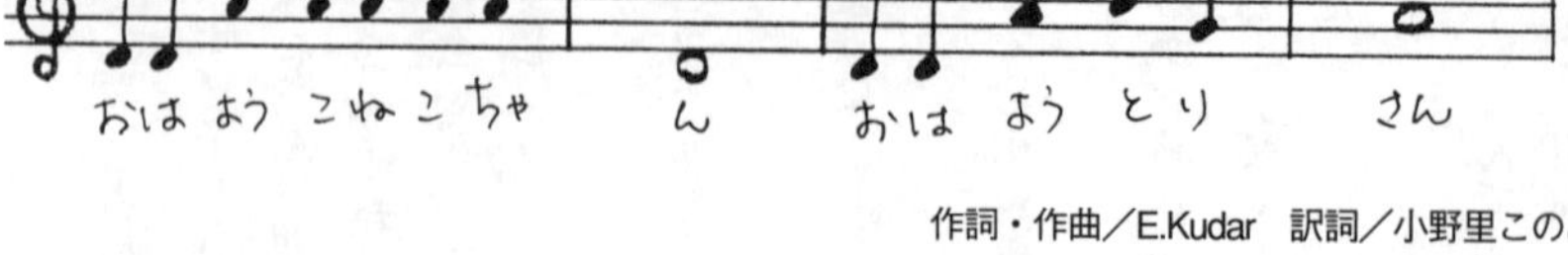

作詞・作曲／E.Kudar　訳詞／小野里このみ

おはよう いしころ さん そして おはよう はな さん

おはよう おともだち そして おはよう わたし

あります。積み木とお人形達、猫さんとうさぎさんと、茶色とみどりの指人形達がいます。

……小さな白い籠には、小さな小さな赤ちゃん、そしてもう一人ちっちゃな赤ちゃん。そして、六人のこびとの籠があり、それから、おはじきとお手玉があります。きれいな色で染めたコットンの布、ガーゼの布、それからシルクの布。きれいにたたんでこのように入れてあります。どうぞ、広げて遊んでください。

……そして、子ども達に必要なのが、このひもなんです。毛糸でいろんな編み方をしたものです。今日は二本しか持ってきませんでしたが、『こどもの園』にはたくさんのひもがあります。これを何に使うかというと、冠《かんむり》にしたり、布をかぶってそれを止めるバンドにしたり、人形をおぶったり、蛇《へび》になったり、スパゲッティーになったり、ラーメンになったり…」

（いろいろなおもちゃを、説明しながら、それを参加者に回して見てもらう）

カーテンを開け、外からの光を入れる。

参加者は、布を広げたり、おもちゃを手に取り、楽しいひと時を過ごす。隣同士で、おしゃべりが始まり、なごやかな響きに変わっていく。笑い声が聞こえる。先生達が、参加者の様子を見て回り、遊び方や布の使い方を説明し、実際にやってみる。自然素材のおもちゃを広げ、子どもにかえったかのように遊びに熱中する参加者。

＜おもちゃ＞

木の枝を輪切りにした積み木
木でできたスプーン
毛糸で編み込まれたひも
フェルト製のこびと
毛糸で編んだウサギ、猫、指人形
貝、どんぐり、石、松ぼっくり、くるみ
布（シルク、ガーゼ、コットン、大小さまざま）
抱き人形、羊毛の人形
お手玉　などなど…

これらはそれぞれ、バスケットに入っている。布を手に取り、どのようにその布は染められたのか、お隣さんと話したり、編み人形がどのようにできているかをじっくり見ている参加者達もいる。実際に、貝や石、布に触れることでその温《ぬく》もりを感じている様子。

あるグループが何か楽しそうにしているのでのぞいてみると、床の上には、シルクの布を使って丘ができ、山ができ、川が流れ、こびとの森が作られていた。参加者達は、子ども時代に戻ったかのように、楽しく遊んでいた。

小野里先生
「♪　お片付けの時間です
お片付けを始めます
おもちゃはお家へ
帰ります
みんなで片付け
いたしましょう」

歌が始まると自然とおしゃべりも小さくなり、部屋に広がったおもちゃをみんなで片付けていく。

小野里先生「♪ゆらゆらゆらゆら　天までとどけ　天までとどけ」

広げて遊んだ布の両はじをふたりで持ち、左右にゆらゆら揺らしながら、たたんでいく。

「おかたずけの歌」

作詞・作曲／吉良創（南沢シュタイナー子ども園）＜小野里このみ編曲＞

小野里先生「子どもは、この下に入るのが大好きなんですよ。入りたい方はどうぞ」

ふたりが広げた布の四隅《よすみ》を持ち、参加者の何人かが、その布の下に入る。布がふわ~りと天に弧《こ》を描くと、『うわー』と、歓声が上がる。『とても気持ちがいい』『中にはいる方が、もっと気持ちがいいわ』という、参加者の声。あちこちで、歌にあわせて、布がたたまれていく。ある程度まで歌とともに布がたたまれると、次は歌わずに籠《かご》に入る大きさまでたたみ、しまっていく。

小野里先生「交代してください。さあ、布の角と角を持ってどうぞ」

たたみ終わったころ、

小野里先生「シルクはこちらのカゴへ、コットンはこちらへ。また、丸く座っていただいてよろしいですか」

布を片付け終わった人から、再び円になって座る。

10時50分

小野里先生「綺麗《きれい》にたたんでいただきました。ありがとうございます。ひびきの村の『こどもの園』では毎日必

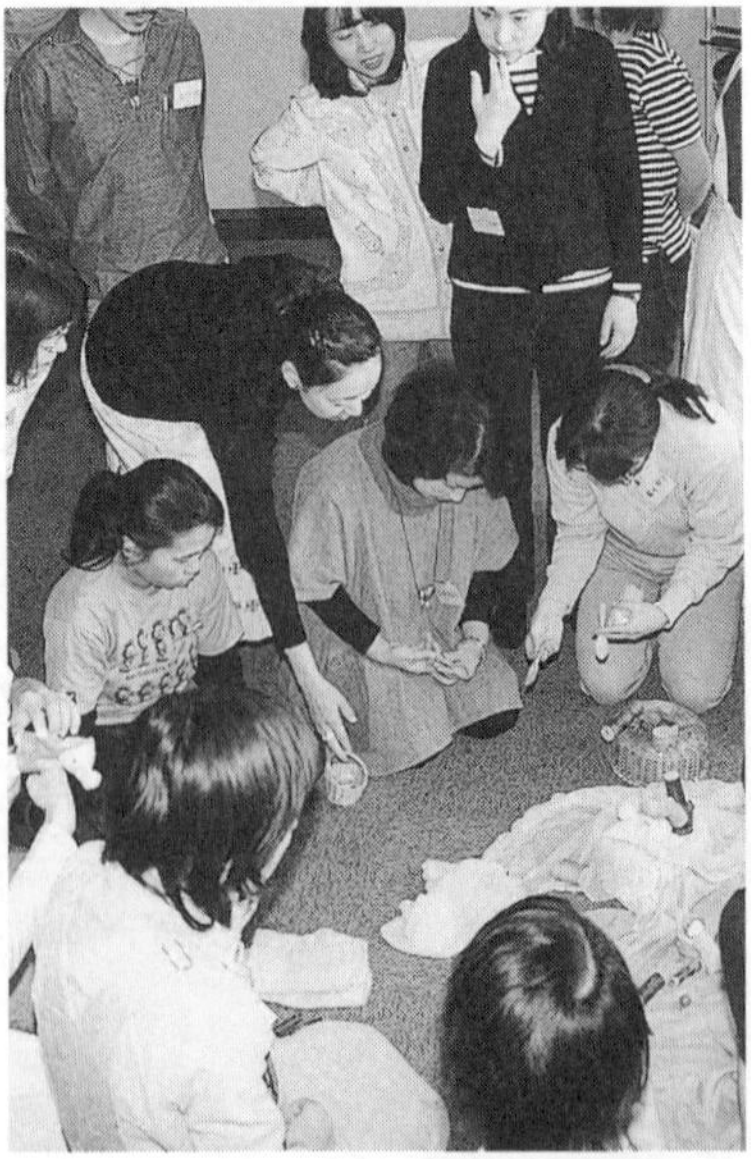

おもちゃで遊ぶ参加者の皆さん。

歌いながら布をたたんでゆく。

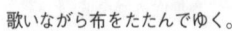

「天までとどけ」

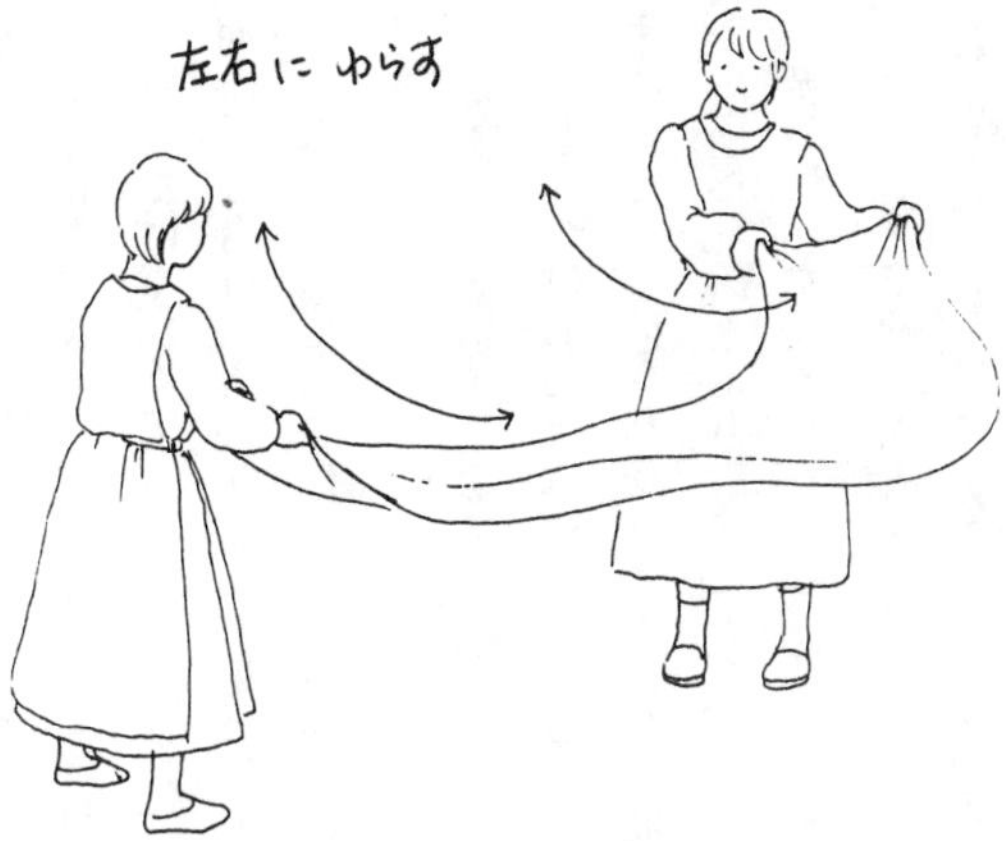

作詞・作曲／吉良創（南沢シュタイナー子ども園）<小野里このみ編曲>

ず、同じ籠《かご》におもちゃを戻します。毎日同じ所に同じ物があって、そして同じようにきれいに戻して、そういうことを毎日毎日しています。毎日同じように片付けることで、子ども達にリズムを持たせることができます。それから、同じ所に同じ物があるということは、とても子どもに安心感を与えます。『きちんと片付けるのよ』と言葉で言うだけでなくて、子どもと一緒にしてください。幼児期の子どもは大人のすることを真似て学ぶので、大人がいつも片づけていれば、子どもも自然にするようになります。

子ども達の心の赴《おもむ》くままに部屋いっぱいに広がったおもちゃを片づけることは、混沌《こんとん》としたものに秩序を生み出すことです。色やバランス、また機能を考えて配置された場所へ元のとおり戻すことで、子どものバランス感覚が養われます。子ども達は、毎日することで、秩序や美しさを作ることを体験します。

それはしなければならないからするのでなく、その様な片づけを先生や友達と毎日することがうれしい遊びなんですね。

お人形さん達も、いろんな家に散らばっていますね。このお人形さん達が、どの場所にあったのか、覚えている方はいらっしゃいますか。大体あっていますが…。でも、こびとさんは、こちらの家でしたね。赤ちゃんは、ここにいましたね。けれど、これもただ籠《かご》にいれるのではなく、お人形さん達がお家の中でお話し合いができるようにしてあげてくださいね。（笑）

皆さんは大人ですから、大体もとの通りにすばらしく戻っていますね。あれ？　籠がひとつ足りません。胡桃《くるみ》と松ぼっくりが、一緒になってしまっている。…？（籠を探す小野里先生）次の日も見つからなかったり、またその次の日も見つからなかったりすることもあるんですよ。時どき、いたずらこびとが隠してしまうんですね。（部屋全体を見渡す小野里先生）見つけたら、教えてください。もうひとつの籠がなくて、胡桃《くるみ》さんは、松ぼっくりさんの家に今、居候《いそうろう》しています。（笑）

それから、ひもがあるんですけれど、これも、綺麗《きれい》に片付けましょう。みなさんに歌っていただけるとうれしいんですが、こんな歌を歌ってやっています」

小野里先生「**♪でんでん虫　でんでん虫　お家へ帰る**
でんでん虫　でんでん虫　お家へ帰る
（ひもを床の上でまわしながら）みなさんで、どうぞ」

巻き終わるまで何度もくり返し歌います

「でんでん虫の歌」

作詞・作曲／小野里このみ

（ぐるぐると、ひもを巻く）

全員「♪でんでん虫　でんでん虫　お家へ帰る
でんでん虫　でんでん虫　お家へ帰る」

小野里先生「ありがとうございます。『こどもの園』にはたくさんのひもがあるんですけれども、その中で一番長いのは、丸めると、このくらいあるんです。（手を丸くして見せる、直径三〇センチほど）この歌が好きな女の子がいて、その子は毎日それをやるのです。毎日の楽しみでこれをやらないと、終わらない。（笑）

このように、子どもにとっては仕事じゃなくて、片付けることを遊びにします。そして、そうそう、いろんな実、松ぼっくり、胡桃《くるみ》、どんぐりを、子ども達はおままごとで料理したり、誰かにプレゼントとして持っていったり、いろんなことをして使うので、もう全部がぐちゃぐちゃになります。みなさん、そういう場面を、ご存じだと思うんですけど、それを『片付けなさい！』じゃなくて、『あ、今日は、りすさんの誕生日だからどんぐりをプレゼントしましょう。（どんぐりを）この籠に集めてきてくれる？』って言って集めてもらったり、

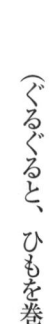

『今日は寒いから火を燃やしましょう。木が必要なの、木を集めてきてくれる?』そういうことで、子ども達は、りすさんのためや、友達のために集めます。こういうふうにお片付けをしています。お片付けをしなきゃいけない、させなきゃいけない、じゃなくて、私自身が、綺麗《きれい》にした時に気持ちよく、美しくなったことが嬉しいという気持ちを持ってしています。自分の喜びとして、片付けをします。毎日毎日子どもが片付けをする時もしない時も、子どもの前に立つ大人として、そうありたいと思って努めています」

小野里先生「それから、このテーブルのことをネーチャーコーナーとか、季節のテーブルと呼んでいるのですが、ここは、先生がその時期に子ども達に伝えたいことや、感じてもらいたいもの、お祭りやお節句やクリスマスの人形や季節の様子を飾るところです。子ども達にさわらないように言っているのですが…。(強い口調で)『触ちゃいけません!』とは、言いません。(笑)でも、やっぱり、子どもは見たら触りたくなります。そんな時私は『こびとさんがびっくりするから、そうっとしてあげて』とメルヘンの力を借りて話します。そういうことで、子ども達はここは本当に大切な所なんだということを、少しずつわかるようになります。大きな子ども達はもうわかっているのでさわりませんし、小さな子ども達も大きな子ども達を見習います。そういう特別な場所だということを理解するようになります。そのことを通して、世界は、なんでもかんでも好き放題するところではなくて、守ったり大切にするものがある。それを守り大切にすることによって、世界とも仲良くすることができるということを、言葉ではなく、子ども達に知ってもらいたいと思っています。

それから、ここに、さっき最初に使ったシロフォンがあります。基本的には先生が使う物ですけれども、絶対使っちゃいけない物とは言っていません。子どもが、時々『これ使わせて』と言ってきます。そういうときには、子どもに使わせます。いつも、先生が大切に扱っているのを見ているので、そういうふうに扱う物だとわかって、子どもはていねいに扱います。でも、幼稚園に来たばっかりの子どもは、なんでもかんでも触ります。そういうことがまだわからないんですね。ですからその場でどのように使うのか見せてから渡します。あと四歳前の子で加減がまだわからない時は、『それは大人の使う物で、大きなお兄さん、お姉さんは、上手に使えるようになったから使えるんだけれど、もうちょっと大きくなるまで待っていようね。大きくなったら使えるように、よーく見ているんだよ』と話します。四歳前の子には、まだ使えないものだということを、そして、大きくなって、大切な物を大切な物として扱えるようになったら、自分たちもできるようになるんだっていうことも伝えます。でも、絶対触らせないということはありませんよ。『ひとつたたいてごらん』といって、ひとつ鳴らしてみて、『すてきな音だったね』と、その音を十分味わってから、しまいます。

内遊びが終わったら、そのあとにライゲンというお遊戯《ゆうぎ》みたいなものをするんですけれども、今日はこの人数でみんなでするると大変なので、少しずつ分けてします。三分の一ずつ一五人ぐらいの方が、真ん中に集まっていただけますか。みんなで順番にしましょう」

一五人くらいの方が、輪の真ん中に集まってくる。

♪ みんなで踊ろう
みんなで踊りましょう
♪ 輪を作りましょう
踊りながら
ライラ　ライラ　ライラ
ライラ　ライラ　ライラ

「輪を作りましょう」

作詞・作曲／小野里このみ

『こびとのライゲン』
三グループに分かれて、交代で参加する。

※聞こえてくるこの音は何?
タンタンタタタン（手拍子）
大地の奥深くから　タンタンタタタン
岩や石をかち割っている音かしら
タンタタ　タンタタ　タンタタ　タン

♪あれは吹き荒れる風さんかしら
あれは吹き荒れる風さんかしら?
いいえ　あれは風じゃない
※
♪あれは木《こ》の実探す　リスさんかしら
あれは木の実探す　リスさんかしら?
いいえあれはリスじゃない
※
♪大股で行進する大男かしら?
いいえ　あれは大男じゃない
※
♪ちっちゃなくちばしで　種を探すひよこさん

こびとのライゲン。「聞こえてくるのこの音は何？」

ちっちゃなくちばしで　種を探すひよこさん?
いいえあれはひよこじゃない
それなら　一体何の音かしら?
丘の奥深くにこびとさんがいるよ
たえずハンマーを打ちならしている
こびとさんは大地の下で　歌って働いているよ
こびとさんがハンマーを打つと　岩がこだまする
カンカン岩が割れて　グラグラ山が揺れて
バンバンハンマーが鳴って　洞穴《ほらあな》で宝石を見つけたよ

♪ラララ…

(次の頁、参照)

小野里先生「びっくりしましたね。いきなり、こんなことが始まって…。(笑)今のは『こびとのライゲン』といっているものです。交代して、今入らなかった方、来てください。

(二グループめ、集まって円になる)

なんでこんなことをするんだろうと、大人は思いますけど、子どもはそんなことは考えないで、楽しそうにしています。子どもはなんでこんなことが楽しいのでしょうね?

大地に深くとか、(手を大地に向かって深く下げる動き)カンカンとか、(両腕を体の前で交差させる動き)大股で行進する、(小野里先生、大股で歩いてみせる)こういうことを、子ども達は、ひとつひとつ楽しんで、やっています。〝深さ〟ならその深さになりきって、カンカンという音自体を楽しみ、大男なら自分が大きくなったような気持ちになって。皆さんも、そのものになりきってもう一度しましょう」

小野里先生「回りに座っているみなさんも、ご一緒に歌っていただけますか?」

(『こびとのライゲン』をもう一度する)

♪大股で行進する大男かしら?

小野里先生「今、皆さん大股でなかったですね。(笑)胸は張って、ずいぶん大男らしくなりましたが、ドシドシと足踏みして、大男になりきってください。重たい大

こびとのライゲン

聞こえてくるこの音は何？（リズム①）
大地の奥深くから　（リズム①）
岩や石をかち割っている音かしら　（リズム②）
♪あれは吹き荒れる、風さんかしら？

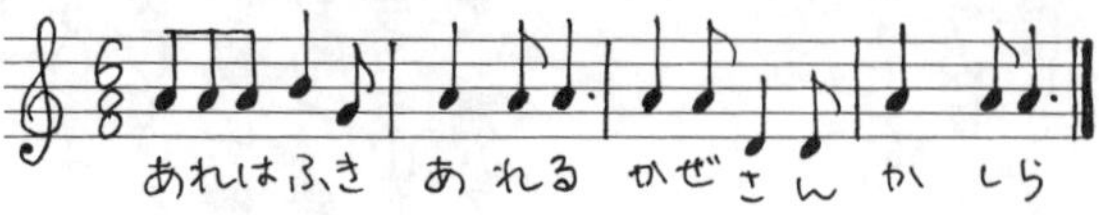

いいえ、あれは風じゃない。

聞こえてくるこの音は何？　（リズム①）
大地の奥深くから　（リズム①）
岩や石をかち割っている音かしら　（リズム②）
♪あれは木の実探す、リスさんかしら？

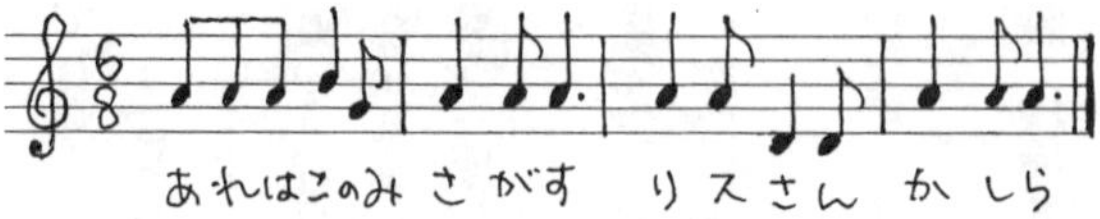

いいえ、あれはリスじゃない。

聞こえてくるこの音は何？（リズム①）
大地の奥深くから（リズム①）
岩や石をかち割っている音かしら　（リズム②）
♪大股で行進する大男かしら？

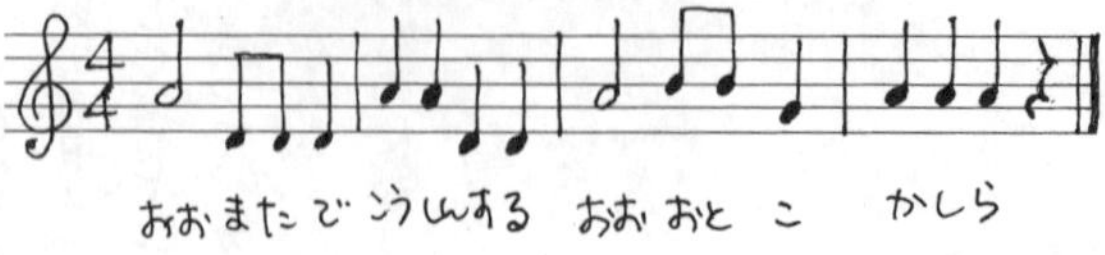

いいえ、あれは大男じゃない。

聞こえてくるこの音は何？（リズム①）
大地の奥深くから　（リズム①）
岩や石をかち割っている音かしら　（リズム②）
♪ちっちゃなくちばしで種を探すひよこさん？

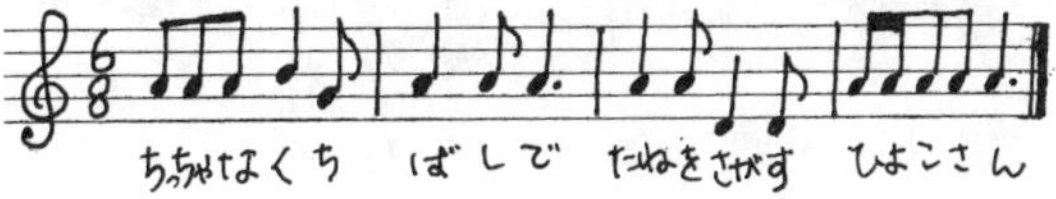

いいえ、あれはひよこじゃない。

それなら、一体何の音かしら？
丘の奥深くにこびとさんがいるよ。
たえずハンマーを打ちならしている。
こびとさんは大地の下で、歌って働いているよ。
こびとさんがハンマーを打つと、岩がこだまする。
カンカン岩が割れて、
グラグラ山が揺れて、
バンバンハンマーが鳴って、
洞穴で宝石を見つけたよ。

＊上の（）の中に手拍子で下のリズムが入ります。

リズム① 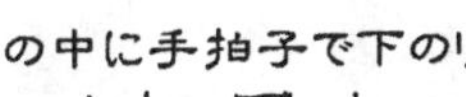

リズム② 

Acorn Hill children's center
作／Nancy Foster　訳／小野里このみ

きな足です」

♪大股で行進する大男かしら?
いいえあれは大男ではない
(中略)
♪洞穴で宝石を見つけたよ

小野里先生「うれしいですね。♪ラララ… みなさんが掘って下さって、たくさんの宝石が見つかりました。もっと見つけましょう。では残っている方どうぞ」

(三グループめ、集まって円になる)

(もう一度くり返す)
♪あれは吹き荒れる風かしら
あれは吹き荒れる風かしら?

小野里先生「あの、これは盆踊りではありませんので(笑) 風を腕に感じて、風のように吹き荒れてください」

(三グループめのラゲインが終わる)

小野里先生「**♪Wash your hands, wash your hands, 手を洗いましょう**

『こどもの園』では、ライゲンの後はおやつの時間です。今日は、おやつの前に手を洗うことができません。ふたつの輪になって、おやつをいただきましょう。座っていただけますか。おやつを用意しました」

(うれしそうなざわめき。そして、ふたつの円になって座る)

小野里先生「**♪金のお皿を作りましょう**」

両の手のひらを身体の前であわせ、手でお皿の形を作る。

小野里先生「**♪~ちゃん~くん…**」(音程は、ラの音を中心に即興でつける)

と、名前を歌いながら、先生が、カレンデュラ肌水を皆さんの手の平につけて回る。

先生からもらったカレンデュラ肌水を、子ども達が手につけるときの動作の詩。

「手を洗いましょう」(Wash your hans)

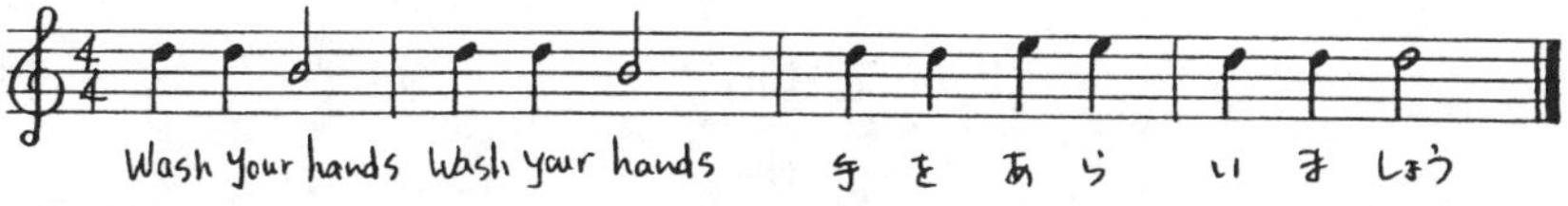

「金のお皿」

作詞・作曲／小野里このみ（両方とも）

ミァーオ　ミァーオ　こねこちゃん
足のうらはビロードのようにやわらかく
全身は絹のようにすべすべしてる
ガーリガリ　ガーリガリ
ああ　ひっかくなんて　誰が思いつく？
こねこには　みーんな気をつけて！

（日本のシュタイナー幼稚園　高橋弘子著〈水声社刊〉より）

いただきますの歌。

♪太陽と雨と
人の手が育てた
恵みの食べ物　神さまありがとう

小野里先生「（みんなで手をつないで）いただきます。ちゃんと、お菓子もありますので」（笑）

小野里先生「『こどもの園』のおやつは、先生と子ども一緒に用意します。そして各々のお皿に分けてあるおやつを、子ども達はいただきます」

（思いがけないおやつに、みんなうれしそうにいただく）

小野里先生「さっき、手につけたものは、『ひびきの村』の農場で作っているカレンデュラ肌水です。『こどもの園』では、ラベンダーオイルを使っています。ラベンダーというのは、気持ちを穏やかにする作用があります。今日は、手を洗えないので殺菌作用があるカレンデュラ水を使いました。人数が多かったので長い間待っていただきましたが、ふだんはテーブルについたら、猫の詩を唱えて、歌をうたい、食事の前の言葉を唱えてからいただきます。そのあとに、お茶をピッチャーからコップに注ぐのですが、大きな子どもにそれを頼みます。大きい子には、いろいろ仕事を分担してやってもらいます。そして、子ども達はそれを楽しみにしています。どうぞゆっくり召し上がってください」

（しばしおやつのひと時。参加者、談笑）

「いただきますの歌」

作詞・作曲／M.V.Exner
訳詞／野田祥美

鉄琴の音色…（先生が鳴らす。すると談笑が終わり、静かな空気が流れる）

♪わたしのおてては
いつつのはなびら
あさにはひらいて
よるにとじる

（日本のシュタイナー幼稚園
高橋弘子著＜水声社刊＞より）

「お手々」

作曲　A、キュンストラー
訳詞　高橋　弘子

わたしの　おてては　いつつの　はなびら
あさには　ひらいて　よるにとじる

（手をあわせて）**全員**「ごちそうさまでした」（お茶のカップをお盆に片付ける）

小野里先生「このあと、子ども達は外に遊びに行きますが、みなさんは、そのままここにいてください。（笑）外遊びから帰ってきましたら、先生の回りに座ってお話の時間になりますので、私の回りに座っていただけますか」

室内を暗くする。集まって座る。

小野里先生「シュタイナーの幼稚園では、先生が話すお話が大切とされています。特にグリム童話は、深い意味を持っていて、その物語のストーリーの奥にある精神的な意味が、子どもにとって大切な魂の栄養になると言われています。そして、覚えて、語ることが必要とされているんです。でも、普通の家庭でそういうことをするのはとても大変だと思います。私も、覚えるのが苦手で、はじめの頃はとっても大変でした。でも、苦しい苦しい苦しいと思いながら話をしていると、私の苦しい思いが子ども達に伝わってしまいます。そこで今日は、ご家庭で簡単にできる、ちっちゃなお話をしますね」

♪**お話　お話　始まるよ**（ろうそくに灯をともす）

（35頁、楽譜参照）

お話「みんな外に行って遊んだからわかるよね。外はどうなっていた？　二、三日前まで、真っ白で何も見えなかったけれど、だんだん、だんだんその雪が解けて、茶色い土が見えてきたね。でも、茶色い土が見えてきたけど、この間まで、長靴で足を踏み入れたらそのまんま足跡が残るくらいぐちゃぐちゃだったね。でも今日はどうだろう。こんなに日差しが明るくなってきて、土が乾いていて、みんなで歩いてもぐちゃぐちゃとしなくなったね。こびとさんもね、冬の間、土の中に、こつこつ、こつこつ働いて宝石をためて、やっといま、地上にでてきて、緑におおわれた原っぱを見てびっくりしているよ。こびとさんは土の中で、こつこつ、こつこつためてきた宝石を持って、何しに来たと思う？　大地のうえに上がってきて、大地のお母さんと一緒に、一つひとつお花や木の根元にその宝石を置いていくの。その宝石が、雪と一緒にとけて、茎《くき》を通って葉っぱや花たちのつぼみまで登っていって、美しい花を咲かせるの。そして、その花のかぐわしい香りを、ちょうがミツバチに伝え、ミツバチは鳥に伝え、鳥は森へ行って、もう春が来たよって教えるの。みんなが春だよ、春だよっていう声を聞いて風も『春だよ』って、山にも雲にも虹にも伝えるの。みんなも風の喜びの声聞いたかな？」

♪**ハミング**

小野里先生「外で遊んだときに見たもの聞いたものをテーマにしてお話ししたらいいのよ、とアメリカのシュタイナーの幼稚園の先生に教えていただきました。それで時どきこのような小さなお話をします。もうひとつ、子ども達の大好きな小さなお話を紹介します。子ども達は同じお話を何回話してもよろこびます」

お話「あるところに、急須《きゅうす》がありました。急須のまわりにこびとさんがいました。こびとさんは、急須の中に入ってしまいました。そして、急須からでてきました。…おしまい。（笑）

もう帰る時間になりました。そういうことは、子ども達には言いませんが、おしまいのお祈りをいたします」

♪お守りください
やさしい天使
いつも　いつも
あなたは　わたしの
そばにいる
お守りください
（35頁、楽譜参照）
（日本のシュタイナー幼稚園　高橋弘子著〈水声社刊〉より）

私の頭も、私の足も神様の姿です。
私の心にも、両手にも神様の動きを感じます。
私が口を開いて話すとき、
私は神様の意志に従います。
どんなものの中にも、お母様やお父様、
すべての愛する人々の中に、
動物や、草花や木や石の中にも、
神様の姿が見えます。
だから、恐いものは何もありません。
私のまわりには、愛だけがあるのです。
（日本のシュタイナー幼稚園　高橋弘子著〈水声社刊〉より）

今日も一日ありがとう　（ろうそくの火を消す）
（皆、立ち上がる。大きな輪を作り手をつなぐ）

さよならの歌（はじめ、小野里先生のみ歌う）
♪さよなら　さよなら　さよなら　さよなら
あした　あしたまた遊びましょう
（35頁、楽譜参照）

小野里先生「大きな輪ですね。こんな大きな輪でさよならの歌を歌ったことはありませんけれども、右回りで歩きながら『さよならの歌』を歌いましょう」（時計回り）

全員で
♪さよなら　さよなら　さよなら　さよなら
あした　あしたまた遊びましょう

小野里先生「と、歌ったあとは、一人ずつを抱っこしてもう一度『さよなら』を言ってから帰ります。最後に唱《とな》えた詩は、『神様』という言葉を使いました。これは、キリスト教の『神様』とか、どこどこの宗教の『神様』ということを超えて、そこにある石や花や鳥や月や星をつくっている大いなる力、存在するすべてのものと自然の法則に対する感謝の気持ち、畏敬《いけい》の気持ちを総称して、『神様』という言葉を使っています。どんなにいろいろなことを知っていても、どんなに素晴らしく子どもを惹《ひ》きつけることができても、人間を超えたものに対する畏敬の気持ちがなければ何も子どもには伝わりません。そしてその畏敬の気持ちを子どもの内に育てることが大人の務め、教育です。ですから、大いなるものに対する畏敬の気持ちを大人自身が持っていることが必要です。私も子どもに対して怒りの気持ちを持ってしまうこともあって、三六五日ずっとずっと畏敬の気持ちを持ち続けたままではいられません。でも、その言葉を言っている時だけでも、強く意識しようと思って、毎日毎日唱えています。

これで前半の幼稚園体験を終わります。ありがとうございました」

参加者「ありがとうございました」

小野里先生「今使った歌と言葉をプリントしたものがありますので、あとでお渡しします。そして午後にまた、お話をさせていただきます。

それでは、次は水彩の時間ですので、手伝っていただける方は、よろしくお願いいたします」

11時30分　幼稚園スクーリング終了

〈休憩〉

「おはなし始まるよ」

作詞・作曲／小野里このみ

おはなし　おはなし　はじまる　よ
おはなし　おはなし　はじまる　よ

「天使」

作曲　A、キュンストラー
訳詞　高橋　弘子

おまもりください　やさしいてんし
いつも　いつも　あなたは　わたしの
そばにいる　M－－－　おまもりください

「さよならの歌」

作詞・作曲／E.Kudar
訳詞／小野里このみ

さよなら　さよなら　さよなら　さよなら
あした　あーした　また　あそびましょう

「こどもの園」の小野里このみ先生。

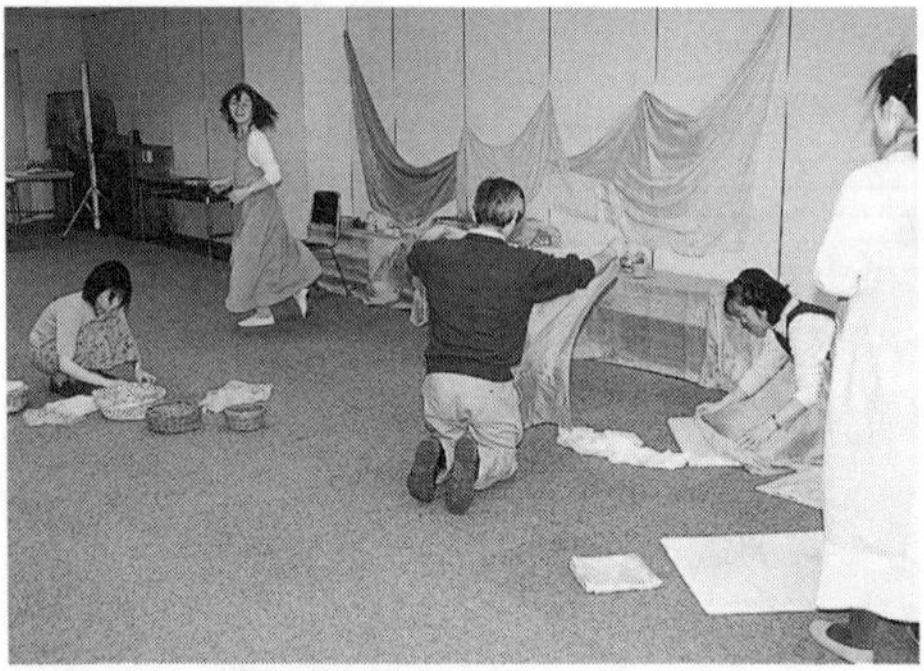

開始直前、準備のひと時。
左から、江尻先生、小野里先生、中村先生、大村先生、丸山先生。

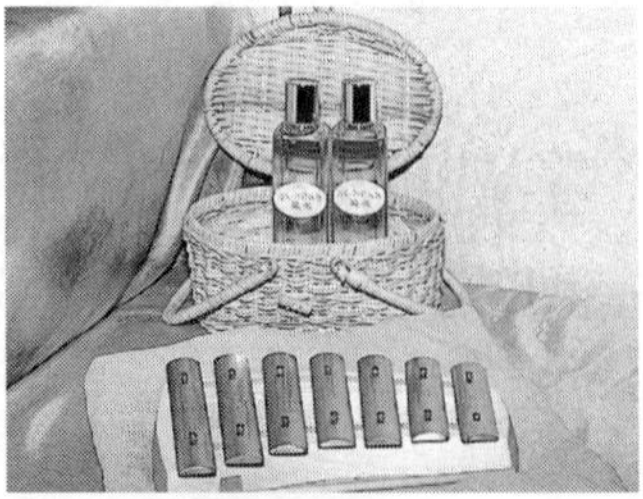

カレンデュラ肌水とシロフォン

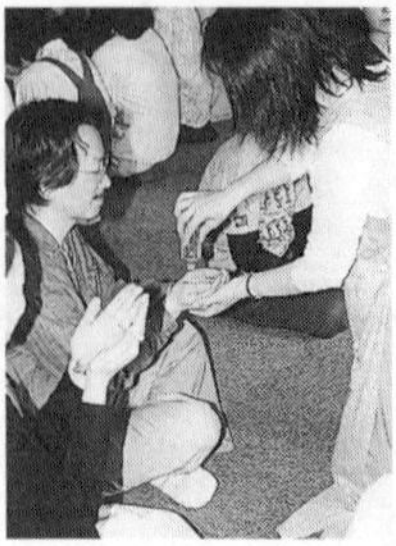

♪銀のお皿を作りましょう。

左から積み木、フエルトの王冠、ノームの人形。
(「こどもの園」のおもちゃの一部)

楽しいおやつの時間。

幼児のための水彩の時間

やわらかな色が教室を包む、にじみ絵…
先生のやさしい指導で絵の具が踊り出す。

講師／中村トヨ

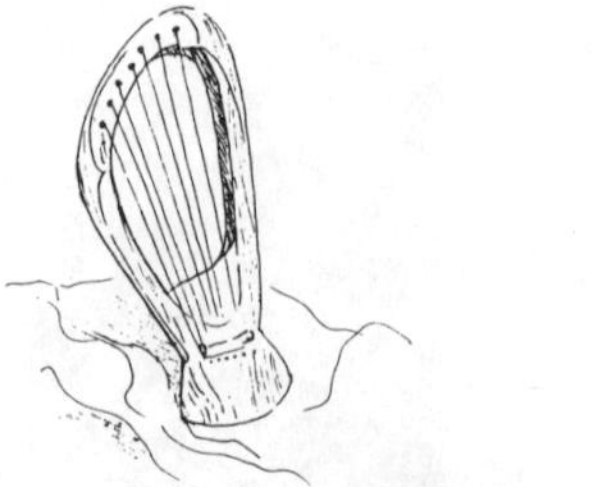

11時40分～12時50分　にじみ絵
（4月29日　午前の部-②）

　休み時間に机を並べ、絵の具三色（赤、青、黄色）、水入れ、布を机の上に用意する。

小野里先生「『こどもの園』では、すべての道具が机の上に揃った後、私が歌をうたいながら、子ども達に筆を手渡しします。そして、絵を描き始めます。毎週、月曜日の朝は水彩で始まります。色の持つ影響は、今日これから体験していただけると思うのですが、土曜日、日曜日の休日に、いろんなことをおうちで体験した子ども達が、『こどもの園』のリズムに戻るために色に助けてもらいます。で、毎週子ども達は、先生と一緒に準備をして、整ったら、筆をもらって、絵を描く前の歌を歌って、思い思いの絵を描きます。毎日来ている子どもは、これが自然の流れになっているのですけれど、初めてきた子どもがいる場合は、このようなお話をします」

　筆をもって、

「これは、りすさんのしっぽです。りすさんはね、このふわふわのしっぽが自慢でいつもきれいに整えています。今日は、黄色さんのお家に遊びに行きましょう。黄色さんもとってもきれい好きだから、まず、お風呂に入って、しっぽをきれいにきれいに洗って整えましょう。やさしくね。やさしく整えましょうね。そして本当にきれいになったかどうか確かめてから、行きましょう」

　筆を水で洗いながら、

「しっぽの水を払っておかないと、床の上が水浸《みずびた》しにな

描き終ったら、筆の柄で名前を書きます。

絵の具は、色ごとに空きビンに入れて使います。

ってしまうから、ちゃんとここで水を落としておくのね。そして、きれいに毛並みを整えて、そおっと拭《ふ》くのよ。布に色が付かないかちゃんと確かめてね」

筆を、布でやさしく拭《ふ》く。

「さあ、黄色さんのお家に行きましょう。トントントン。黄色さん黄色さん、お家に入ってもいいですか。一緒に遊びましょうよ。黄色さんが『いいですよ』…と言ってくれたので黄色のビンに筆を入れます」

筆を、黄色の絵の具のビンに入れ黄色の絵の具を付ける。

「黄色さんを野原に誘いましょう。今日はこんなに気持ちのよい日です。一緒に野原に行きましょうよ。…(白い紙をこちらに用意しました) 黄色さんと一緒に野原で遊びます」

白い紙の上で、黄色の絵の具のついた筆を、自由に動かす。

「今度は、赤さんのお家へ遊びに行きましょう。でも、赤さんのお家に行くなら、きれいにしてからでないとね。もういっぺん、きれいにしましょう。お風呂のなかで、ダンスを踊りましょう。(筆を水で洗う) きれいになったら、お水を落として、きれいかどうか確かめてみましょう。ほら、まだ黄色がついちゃう。もう一回、お風呂の中でダンスして、お水をとって、さあ、きれいになった。これでだいじょうぶ。じゃあ今度は、赤さんのお家に行きましょう。トントントン、赤さん、お家に入っていいですか。私は、もうきれいな足をしているし、しっぽもきれいです。赤さんが『どうぞと言っていますよ』赤さんのお家に入りましょう…」

筆を赤の絵の具のビンにいれる。

「野原に行って、遊びましょう。黄色さんはもう野原で遊んでいますよ」

黄色が描かれている紙の上に、赤の絵の具を含んだ筆を動かす。

「紙の上で、一緒に遊んでいます。黄色さんと赤さんが遊んでいるとオレンジさんがでてきました。青さんも誘いに行きましょう。… というようなお話をしながら、絵の具の使い方を子ども達に教えます。では皆さんも始めましょう。紙を一枚ずつ受け取って、画板の上に載せていただいたら、先生が筆をもっていきます。筆は一番最後に渡します。ひとりずつこちらに来て、画板をまず取ってください。きれいに紙を載《の》せていきます」

ひとりずつ画板と紙をもらいに先生の所へ行く。

（小野里先生のお話の間は、先生の動かす筆や、動きに注意し、みな聞き入っていた。次に、水に浸されている紙を取りに、各自、小野里先生の所へ行き、先生が紙を画板に載せてくれる。それを机までもっていき、タオルで紙をなでるようにして、やさしく水をふき取る。みんなの用意ができた頃、先生のハミングが聞こえてくる）

（ハミングしながら、部屋をまわり、一人ひとりに筆を手渡す）

（小野里先生からの「水彩」への導入、説明のあとに、中村トヨ先生の時間へと移る）

中村トヨ先生「おはようございます」

参加者の皆さん「おはようございます」

中村トヨ先生「幼稚園児のお絵かきの時間です。今日は、長い冬が終わり、野原へ出て楽しく遊んでいるノームさん（小さな妖精）を描きます。赤い太陽がいっぱいに輝いています。それでは紙を横においてください。青い空。土の上には緑の草が一面に、風になびいています。

①……筆を上から下へゆっくり自分の呼吸にそって筆を動かします。紙の左側から右側へ真っ直ぐに動かしていきます。白いところを残さずに、ぜんぶ黄色に塗ってください。〇歳から七歳ぐらいまでは人間が成長する段階で意志が育つ時期です。呼吸に合わせて筆を動かすと色の動きにリズムが生まれます。そのリズムが子どもの無意識のなかで意志が発達する力となります。リズムの最も基本的なものは私達の呼吸ですね。そして、リズムを大きくわけると二つの流れがあります。それは直線と曲線です。

②……次に、もう一度黄色を中心から円を描くように外へひろげます。色が動いていますね。その動きの中に、色の持つ力を感じてください。

この①と②の練習で直線と曲線のリズムを色の動きと共に体験しました。よく筆を洗ってください。

太陽の光をいっぱい浴びた小鳥たちや木々や草は生き生きしています。

③……次に、筆に青い絵の具を含ませて、太陽の光を紙の両側からやさしく包み込むように丸く描きます。（紙の下三分の二くらいの左右から、青を塗る）美しい緑が現れましたね。子ども達の心は驚きと感動でいっぱいになるでしょう。そして青々と茂った草木を喜びをもって感じることでしょう。高い木があります。丸い木もあります。そしてその下にはいろいろな草が生えています。子ども達の目にはこの生き生きした木々の間にきっとお友達が遊んでいる姿が見えるでしょうね。

④……赤い絵の具で、黄色と緑のそばにお母さんノーム、お父さんノーム、そして子どものノームたちが楽しく遊んでいる姿を描きましょう。ノームたちは、かくれんぼをしているでしょうか。

このように子ども達は色の輝き、力、動きからファンタジーの世界へとはいっていきます」

（中村先生、各テーブルを回り、ひとりずつ、アドバイスをしていく）

中村トヨ先生「できましたか？　できましたら、絵の右か左の下に、筆の柄の先で小さく名前を書いてください」

小野里先生「今日お帰りになるときにご自分の絵がわかるように、お名前を書いてください…ビンや筆、自分の描いた絵など、『こどもの園』では、いつもお片付けをする場所は決まっています。子ども達は、いつもの決まった場所へ道具などを戻します。

絵が描けた子どもの中には、うれしくって先生に見せに来る子がいます。ご自宅でも、絵を描いて、これを描いたよってお家の人に見せにくることがあると思いますが、その時に『何描いたの？』って尋ねないでください。絵を描いている時、子ども達はファンタジーの世界にいます。描いた後に『何描いたの』と聞くことは、その夢の世界で体験したことに対して意識を目覚めさせてしまうのです。本人が『これはね、こうで…』ってしゃべったら、もちろん聞きますが、大人の方からはそれを尋《たず》ねない方がいいと思っています。

それから、描いた後もあまりその絵についてコメントしない方がいいですね。そうすると絵を描くことに没頭するのではなく、お母さんに喜んでもらうために描くという意識になってしまうことがあります。『あーこれは、いい絵ね。じゃあ、ごほうびに何かあげましょう』ということになってしまうと、自分が体験するためじゃなくてごほうびをもらったり、ほめてもらうために絵を描く、というふうに目的が違ってしまうので、そうならないようにしたいですね。子どもの絵を見るときは、上手下手ということで判断するのではなく、その絵を喜びをもって受け止めます。もちろん『とてもきれいな色ね』などと何か声はかけますけれども、決してそれが評価につながらないように気をつけています。

では、お片付けをいたします。水は、用意したバケツの中に捨ててください。ビンの中の絵の具は、お持ち帰りになりたければ、そのままお持ち帰りになっていただいて結構です。持って帰らない場合は、ここにあるビンの中に三色混ぜないように入れてください。そして筆は、そこに同じように入れてください。画板は、絵を置いたまま、テーブルになるべくたくさん載せられるように詰《つ》めて、置いてください。よろしくお願いいたします」

♪お片付けの時間です　お片付けをいたしましょう
おもちゃはお家へ帰ります
みんなで片づけいたしましょう

（17頁、楽譜参照）

（みんなで片付けをする）

中村トヨ先生「これでにじみ絵の時間を終わります」

参加者の皆さん「ありがとうございました」

12時50分　にじみ絵のスクーリング終了　お知らせ

13時～14時　〈お昼休憩〉

参加者の皆さんもファンタジーの世界へ。

講義と質問の時間

楽しい笑い、心のこもった質疑応答、親と子のあり方を、思わず考えさせられる…。

講師／大村祐子
小野里このみ

四月二九日　午後の部

シュタイナー教育の理念や人間観を自分がどう感じ、考えるのか。

大村先生「こんにちは。（小野里このみさんの紹介）

皆さん、シュタイナー教育なのに、何でこの会場にテレビがあるんだろう、と、お思いでしょう？（笑）毎週月曜日に札幌テレビ放送で放映されている『月曜日の子ども達』という番組がありまして、今年（二〇〇〇年）、二月に『ひびきの村』の『シュタイナーいずみの学校』が取材され、放映されました。私達もずい分考えたのですよ。子ども達にとって、取材を受け、それが放映されることはどうなのか、って。お父さん、お母さんにも相談して、結局取材を受けることに決めました。

私達は今、この日の前にいる子ども達だけのために、ここでシュタイナー学校を始めたのではない。この子ども達の向こうにいる、今は姿が見えない大勢の子ども達のために、そして子どもの教育のことで悩み苦しんでいる親御さんや先生方のために、ここでシュタイナー教育を実践しているんだ、だから、私達のメッセージを送りましょうということを確認し合いました。放送時間はたったの六分でしたが、撮影には二日間使ったんですよ。（笑）

その番組のディレクターがとても考え深い方で、撮影を始める前日から伊達《だて》に入ってくださり、子ども達のご両親も交えて私達と十分話をする時間を持ってくださいました。そして、子ども達にも前もって会いたいとおっしゃって、家まで訪ねてくださいました。とってもあ

左、大村先生。右、小野里先生。息の合った質疑応答。

りがたかったです。
　このビデオを見ていただいたら『いずみの学校』の様子を、皆様にもおわかりいただけるかな、と思って用意しました」

（テレビ放送を皆で見終わる）

大村先生「子どもには質問をしないでください、と最初に打ち合わせをしておいたんですけれどもねえ。ディレクターはどうしても聞きたかったらしいです。子どもが体験したことを、私達は『何をしたの？』『どうだった？』『おもしろかった？』と聞いてしまいがちですが、子どもはせっかく心で感じているのですから、言葉で整理することを無理強いしないほうが、本当はいいんですよ」

小野里先生「それでは、今日の午前中のことをお話しさせていただきます」

大村先生「（小野里先生に向かって）何かこうあまり離れていると、仲がよくないみたい見えるじゃない？（笑）

どうぞ、こちらへ。もっと近くへ」

小野里先生「私が午前中の時間にしたことで、お伝えしたかったことは、あれは『ひびきの村』の『こどもの園』でしていることで、シュタイナー教育と言っても考え方によって、いろいろなやり方があるということです。あれだけがひとつの方法ではなく、まったく違うやり方もあり、ひとつの例としてみなさんに体験していただきました。こんなことはとても家庭ではできないな、ということを感じられた方もいらっしゃると思います。

シュタイナー教育は『自由への教育』だと言われますね。私が理解している『自由への教育』を実践することは、どこかのシュタイナー幼稚園で既《すで》にやっている教育をそのままコピーすることではないんです。あるところでしているのはシュタイナー教育、ここでしているのはシュタイナー教育ではない、と考えるのでは、そこには自由がありませんね。自分自身がどうそれを感じるか、どう考えるか、どう行動するかということを自分で認識しないで、どこそこがやっているからという理由で、既《すで》にあるものに倣《なら》うというのは、自由な精神ではないですね。

シュタイナーが遺《のこ》してくれた教育の理念や人間観を学び、それを自分がどう感じ、考えるのか、しないのか。理解したことをどのように実践するのか、しないのか。わかっていてもできないことはたくさんある中で——それが難しいんですけれども、——今自分にできること、できないことを分った上で、出来ることから始めたらよいと思っています。そして今はできないけれど、シュタイナーの教育理念に向かっていこうとしているんだ、そう努力している人間がここにいることを子ども達に示そう、そう思って私は『こどもの園』で教師をしてきました。

だから、皆さんも、あんなことはできないわ、と感じられてもいいんですけれども、もしあの時間の中で、ああ気持ちがいい、ああうれしい、と心が動くことがひとつでもあったら、皆さんのご家庭やそれぞれの場所で出来ることを、出来る形でしてください」

大村先生「私の顔が見えなくてもいいですか。では、私は座らせていただきますね」

（小野里先生、立って話し始める）

周りにある世界すべてに対して、感謝の気持ちを感じながら歌う。

小野里先生「午前中もちょっとずつ説明をさせていただきましたが、もう一回順を追いながら『こどもの園』では、どうしてそういうことをしているかということを、皆さんとご一緒に考えていきましょう。

まず最初に、朝の始まりで、先生一人ひとりと挨拶をしました。私はその時、挨拶する人の目をしっかり見て、目を見るだけではなくて、その人のあり方や、その人そのままを自分の中に受け入れようと思って、挨拶しました。子どもと一緒にいる時、ずっと意識的にいられたらいいのですが、なかなかずっとできないことが多いので、これは、という時間を決め、その時は強く意識して、その子と本当に向き合うことをしています。残念ながら日常の意識の私は、そこまで意識的になっていません。意識的に出会うということを一日に一回でも心がけていると、その意識が日常の意識の中でも働くようになってきます。私の後《うしろ》で話している子どもの言葉も、ふっと聞こえてきて、以前だったら口先で答えていたことも、しっかりとその子の方に身体ごと向けて聴《き》けるようになります。

いろいろなことが毎日起こる中で、子どもは何十回、何百回もお母さんや先生を呼びますね。『どうしたらいいの』『これして』『何々取って』『教えて』と。すぐに手が離せなかったり、なかなか答えられないことも多いのですが、その時は『今の仕事が終わってからお話聞かせてね』『これが終わるまで待っててくれるかしら』などと言って、どんなに忙しい時でも必ず子どもと話します。それもちゃんと向き合って。横を向きながら上《うわ》の空で答えるのでなくて、意識を全部その子に注いで答えるということをやっています。そうするとだいたいの子どもは待っていてくれます。

大人が自分に答えてくれている、自分の存在を受け止めてくれているということが分ると、子どもは駄々《だだ》をこねるということはないようです。それが分らない時、分らなくて不安な時、子どもは自分を受け入れて欲しいために、認めて欲しいために、駄々をこねたり騒ぎます。もちろん身体の具合が悪いときや眠くて子ども自身でどうしようもなくなる時もありますが…。

その次には、輪になって集まり、朝の歌を歌いました。子ども達は（朝の歌）『おはよう太陽さん』と歌い始めると、朝起きてからいろいろなこと…お母さんに怒られたことや眠かったことや、園に来る前に家で遊んでいたこと、もっと続けたかったこと…があったのも、ふっと、飛んでしまって、歌の中の『太陽さん』や『大地』に出会っていきます。私達は『太陽さん』と歌いながら、両手を頭の上に上《あ》げて丸く太陽を作りましたね。そこに教師が何も感じていないと、子どももただ腕を動かすだけですが、教師が手を上げるとき、オイリュトミーのA《アー》…つまり新しい朝にまた出会えた喜びや驚き、太陽の輝きなどを感じながらすると、子どもは説明をしなくても大人が感じている以上に身体中でそれを感じてします。それを毎日――大声ではなく、どちらかというと小さい声で、太陽、大地、石ころさんと、歌います。（小野里先生が、ジェスチャーで説明する）大地…大地の平坦さ、安定感、石ころの重さ、硬さなどを、強く感じながらします。また、教師として、周りにある世界すべてに対して感謝の気持ちをも感じながらしています。子どもに感謝の気持ちを育てることは幼児教育の大切なことです。普段から教師はその気持ちを持ちたいと思っていますが、この時は特にそのことを意識しています。そして『感謝しましょう』という言葉のかわりにその気持ちを感じている教師が動きと歌を通して、子ども達の心の中にそういう気持ちを伝えられたらいいなと思っています。

　初め皆さんにこの歌を一緒に歌っていただいた時、堅い感じだったんですが、二回目に歌った時はふっと軟《やわ》らかい雰囲気が生まれたと感じました。皆さんの中の何が変わったんでしょう」

参加者「最初は形だけというか、まねしているだけでしたけれども、だんだん本当に大地から伝わってくるものが感じられるようになって、だんだん体が大地と一緒になれるようになりました」

（小野里先生、にこにこと）

参加者「最初は、やはり気恥ずかしさもあって見ていたんですけれども、だんだん気持ちいいメロディーになじんでいくというか、その空間になじんで、子どもの心と一緒になって、子どもが感じている気持ち良さと一緒だなという気がしました」

小野里先生「そうですねえ。普段、こんなことはしませんよね」

参加者「やってみたいなという気が何となく出てきて」

小野里先生「それは恥ずかしさが抜けていったんですか」

参加者「そうですね。何となくそんな感じがします」

小野里先生「他にはどうでしたでしょうか」

参加者「一緒に体を動かすことで、もっと深く自分の中に言葉の意味が入ってくるということを、非常に気持ちよく感じました」

小野里先生「私もそうです。言葉や歌や動きを作ったり覚えることはとても大変なんですが、それを喜び楽しむまでに消化してしまうと、そのリズムや歌が楽しくなります。自分の中でそこまで感じないと、子どもも楽しまないですね。大人がそういう気持ちを感じて朝の歌を歌うと、子ども達はその日一日が楽しくなりそうと喜びを持てるようですね」

参加者「初めてのライゲンを子どもに教えるときは、先生がお手本を一回やってあげて、今日みたいに、私達がやったような感じで、それを子ども達が真似していくんですね」

小野里先生「はい。子ども達は教師がしているのを真似します。ただ、今日のように先生の見本を見た後に、今度は先生とみんな（子ども達）としましょうというようにはしません」

参加者「子どもはきっと自然にできるのかもしれないんですけれども、歌と動作を自然にまねをしていくというか、歌だけとか動作だけということはないんですね」

大村先生「今の御質問はこういうことですか？　初めてライゲンをする時に、子ども達にお母さんや先生が一度やって見せて、次にじゃあ一緒にしましょう、というように始めるんですか？　とお聞きになりましたか」

参加者「はい」

大村先生「それはありませんね。『子どもにライゲンを教える時は…』とご質問なさいましたが、ライゲンは教えるものではなく、覚えるものなんですよ」

幼児には練習というものはないのです。すべてが本番、本気です。

小野里先生「すべて『こどもの園』では、教えるということも練習も説明もしません。だから、さっきのにじみ絵の筆の使い方にしても、お話としてするわけで、言葉でこうしましょうね、という説明はしないですね。その日初めて来た子がいたとしても説明しないで始めます。子どもによってはすぐ先生のしているとおりにする子もいますし、見ている子もいますし、口だけ動かす子もいますし、いろいろな子どもがいますけれども、動きと歌を覚えるための『練習』はしません。幼児には「練習」というものはないのです。一回一回が本番、本気です。すべてのことにおいてそうですね。

『朝の歌』や『帰りのお祈り』などは、毎日同じことをしているんです。お話や季節のテーブルは二～四週間ぐらい同じですが、それ以外のベーシックな流れというのは、内遊びをしてからライゲンをして、それから外遊びをしてという流れは毎日同じなんです。だから、最初のうちはわからなくてやらない子でも、毎日聞いて、見ているうちにだんだん動くようになります。でも動きが違っていても、動いていなくても教師は強制せずに、淡々《たんたん》と、本当に毎日同じことを繰《く》り返します」

参加者「一回だけですか」

大村先生「そうですね、一回だけです。さあ始めましょう、とも、言いませんね？　まず先生がそういう雰囲気をつくって、始めます。子どもはそれを初めて見て、聞いて、すぐにできる子もいるでしょう。しない子もいます。でも、それでいいんですよ。シュタイナー幼稚園では先生が手本を見せて、それから『さあ、今度は皆でしましょう』ということは決してしませんね。小野里こみさんが話しているように、幼稚園では決して教えるということはしません」

小野里先生「ありがとうございます。そうなんです。一回目の東京でのスクーリングの時は、ほとんど幼稚園と同じように、何も説明せずに——例えば歌も一回しか歌わずに、次々にしていったんです。けれども、今回は模擬授業ということで大人ですし、何回か繰り返すほうが深く体験していただけると考えて、三回ライゲンをあのようにしました。でも、幼稚園では一回しかしません」

参加者「だからこの場では、『大男のように大きく動いて』というのは、私達のために、されました…?」

小野里先生「そうです。大人のためだけです」

参加者「子どもはやりたければやっているし、その日の調子で、そういう気分でなければ、そんなに動かないし、そのままという感じですか」

小野里先生「はい。ただ、それだけ大人が感じている必要があるんですね。子どもがそれをしなくても何も言わないですね。

さて、次は何をしたでしょう。

おもちゃ遊びの時間でしたね。子ども達は私達が何も言わなくても遊び始めます。『こどもの園』には、お人形にしても、動物でも、素朴な目鼻がはっきりしていないものを置いています。そして、天然素材で作られたものばかりです。色もきれいな柔らかい色をしています。それから、ドングリとクルミ、自然そのままのものですね。積み木は、これは何の木かわかりますか。どうしてつるつるしているんですかと御質問をいただきました。これは自然のままの樺《かば》の木です。木の枝を輪切りにして、乾燥させて、皮をつけたまま角と切り口にやすりをかけました。これはまっすぐ立つものもあれば斜めに立つものもあります。工業製品のようにきちきちとしたものではないんです。

なぜこういうものを使うのかというと、幼児期の〇〜七歳までというのは体をつくる時期なんですね。その体をつくっている時期に身の周りをすべて命あるもので満たしてあげることがとても大切です。プラスチック製品は命がありませんよね。そういうものを触《さわ》っても、子どもに命の力を与えません。不自然であるし、それから形が——工業製品は大人の硬い思考によって作られたものですよね」

大村先生「そういうおもちゃは大人の思考によって、より美しくとか、より完全なものをというふうに考えられ、作られたものですね」

柔らかい色は心が解放される。子ども達の意識を夢見ごこちに。

小野里先生「幼児は、まだ体をつくっているところですから、かっちりした完成したものは合いませんね。やはり、ふわっとしているものの中にいさせてあげたい。『こうこうこうしなさい』というのもかちっと型にはめようとしていることです。『こどもの園』では言葉にも音をつけて伝えます。（歌）『お片付の時間です』というのも（歌）『…さん、…さん』というのも、音に乗せて。まだ地上におりてきたばかりの子どもの状態に合うようにしています。そういう柔らかな中で、ゆっくりと育っていって、しっかり体ができて、もう自分の力で次のステップに行けるようになったときに歯が抜けるんです。自分の歯ができて次の段階にゆく時に、親からもらった歯が抜けます。それまでは、生命力が身体を作ることに集中できるように、夢のような世界を子どもの周りに作ってあげます。

それから、色もとても大切にしていて、ここに飾《かざ》ってあるものも天然のもので色をつけた柔らかい色ですよね。それから、あそこに置いてあるコットンの色も鮮《あざ》やかな、優しいきれいな、透《す》き通った色のものです。地上におりてきてまだふわふわしている子ども達の状態に合った色は、どんな色だと思いますか？ 黒だとびっくりしますよね。そういうショックを与えない、その色を見ると心が解放される、暖かくなるような色だと思いませんか？ 身体を作ることに集中できるようにするために、外に向く意識は夢見ごこちにしてあげる必要があります。どのようにしたらそのような意識がもてるか考えると、子どもの周りに必要な環境がどのようなものか、どのようなものを置いたらいいかがわかりますね。ですから『こどもの園』にあるものはすべて淡い色にしています」

大村先生「実験してみましょうか？ 決して皆さんがお召しになっているものが良い悪いと言っているのではないので、間違えないでくださいね。（笑）前に出て来てくださいと言われた方、前に出ていただいていいですか。あなたもどうぞ。それから、あなたもいいですか。一緒に並んでいてくださいますか。あなたはこちらです。四人対四人ですね。

（明るい色の服を着ている人と、黒っぽい服を着ている人に四人ずつ前に出てきてもらい、ふたつの色の体験）

　さあ、御覧になってください。皆さんの心はどんな体験をなさっていますか。御覧になってどんなふうに感じますか。人の品評ではないですよ。（笑）いいですか、十分体験なさいましたか。前に出ていらっしゃる方も、一人ずつ向こうの方へ行って、御覧になったらいかがですか。あなたもどうですか。では、交代してくださいますか。どうもありがとうございます。お分かりになりましたでしょうか。子ども達は色によってこういう体験をしているんですね」

（参加者は、明るい色のグループと、暗い感じの色のグループを交互に見て感じている様子。「ヘェー、本当だわ」「こんなに違うのね」という声があちこちから聞こえる）

小野里先生「だから、シュタイナー幼稚園の教師は、きれいな色の洋服を一生懸命集めます。（笑）きつい柄《がら》も線もないもので、ほわんとした柄ものや、小花模様や、無地のものを選んで着ています。安いものを探して楽しんでいます」（笑）

大村先生「リサイクルショップを利用しています」（笑）

小野里先生「それからあまり身体にぴったりしていないものを選びます。やはりふわふわした感じのものがいいですね。身体にぴったりしているものはすごく窮屈《きゅうくつ》に感じますし、意識も目覚めますよね。人間の感情体はこの身体より少し外の周りにありますので、そういうぴたっとしているものはそれを狭《せば》めてしまいます。ですからふわっとして、絶対スカートです。私達は長いふわふわのスカートを着たら、気持ちが変わりますよね。着物を着たらまた、着物の気持ちに変わりますよね」（笑）

たまにでもいいです。ぜひスカートを…
女性としてお母さんの役割はとても大きい…

参加者「そんなに、服装が子どもに与える影響は大きいものでしょうか」

明るい色のグループ（左）と、暗い色のグループ（右）。

小野里先生「大きいです。大人だってそんなに気持ちが変わるんですから、子どもはもっと感じていますよ。小さいお子さんがいるお母さんは、長いスカートなんかはいていられないわと、よくおっしゃいます。確かに分かるんですけれども、お母さんがスカートをはくとスカートを引っ張ってみたり、中に入りたがったりします。入らせてあげてください。（笑）スカートをはくとお母さんの気持ちもふわっとします。お母さんの気持ちも変わるんですよ。だから、子どもはとてもうれしいんです。

『ひびきの村』で、六月に『花のフェスティバル』という行事がありまして、私達はお花の冠《かんむり》をつくってかぶって、花を飾ったポールを真ん中に立てて、ポールにつけた色とりどりの長いリボンを手に持って輪になって踊ります。その時、今までスカートをはいたことがないというお母さんに、絶対着てお出でくださいねと言ってスカートをお渡ししたんです。――当日そのスカートの下にズボンをはいていたんですが（笑）とりあえず、スカート姿だったんです。そして頭に花の冠《かんむり》を載《の》せてリボンを持ってスカートをひらひらさせて踊ったんです。子ども達はとても喜んで、『お母さん、すてき』と言っていました。ぜひ、スカートをはいてあげてください。たまにでもいいです。週末だけでも、月に一回でもいいし、何かの時、子どもの誕生日だけでもいいですけれども。お母さんとしての役割はとても大きいものです。お父さんにはお父さんの役割がありますし、お母さんにはお母さんの役割を子どもに示してあげてください。

(おもちゃを手に持ちながら)

幼稚園の中でこういうおもちゃを使って子ども達は遊ぶんですけれども、初めて来た子はこういうものではなかなか遊べないこともあるんですよ。そんな時には、ちょっと遊びのヒントを与えてあげると、子どもの中にはメルヘンがたくさんあるので遊び始めます。それまでファンタジーがまったくない生活をしていると、最初は子どもの中からファンタジーが、残念ながら生まれてこないんです。でもちょっとしたきっかけがあると、次から次へと子ども達はファンタジーをつむぎ出します。『こどもの園』の子ども達は、同じおもちゃで、毎日違う遊びをつくり出していく、――年長の子はもう三年もいるんですけれども、飽《あ》きることなく、遊んでいます。今日はお人形さんの具合が悪くなったんだと言って病院をつくり始め、そのうち病院を取り囲んでいたシルクが川に見えてきて、その川を中心に回りを野原に変えて、本当に止まることなくいろいろなものが出てきます。さっき、そちらですごく大きな遊びを展開してくださった方がいらしたんですけれども、子どももあのように布や木やヒモや椅子やあらゆるものを自在に使ってファンタジーを表わしていきます。自分たちの持っているファンタジーに没頭《ぼっとう》してその遊びを展開している時の、おもちゃの配置や色の配色は、本当に美しいです。ため息が出るぐらい。子どもの感性というかファンタジーというのは、きっと天上界《てんじょうかい》そのものをそのまま、この世の中にあらわしているんですね。それを見た時に、地上のものではなくて、天上界のものを子どもはここにあらわしてくれている存在なんだなと感じることがよくあります。そういうものを私が受け取って、エネルギーをもらって子ども達と一緒に過ごしているんだなと感じます。だから、この世に生まれた彼らに、天上界で体験したことをそのまま続けられるようにサポートするのが教師の役目なんだと考えています。

では、その内遊びのところで何か御質問は?」

内遊びの時に、暴れたりしませんか？年長の体力が余っている男の子は？

参加者「例えば、年長の体力が余っている男の子は、内遊びの時に暴れたりしてしまうことがあると思うんですけれども、そういう時には先生はどのようになさっていますか。暴れませんか、そういう男の子は」

小野里先生「だんだん変わってくるんですね。例えば、こんな大きなバスケットに大きな木があって、その中には見ようによってはピストルになりそうな形とか、ナイフになりそうな形の木があって、それを持って振りまわして、闘《たたか》いごっこをやっている子もいました。そういう子でも、他の子ども達がやっているごっこ遊びを一緒に始めると、忘れてしまうみたいなんですよ。だから、今はそういう子どもはいなくなりましたね。初めて入った子は、闘いごっこから始まっても、ほかの子ども達がこっちで美しく楽しく遊んでいると（笑）惹《ひ》かれて行って、そちらで遊び始めますので、最初のうちだけでしたね、乱暴なのは。そしてごっこ遊びをしている方が楽しいんです。闘いごっこには、生み出すものがありませんから」

参加者「闘いごっこではなくても、走ったりとか、高いところから飛び降りたりとか、ファンタジーの中でそういう行動が出てきてしまうということはないんでしょうか」

小野里先生「飛び降りるのもしていますね」

大村先生「飛び降りさせていますね」

小野里先生「そうですね」

大村先生「止めませんね、よほど危険な場合以外は。あなたがおっしゃっているのはめちゃめちゃ大きな声を出したり、激しく動き回っているような子どもを…？」

参加者「そうではないんです。私、実は年長の男の子が今いるんですけれども、五月生まれだし体も大きいし上も兄なので、とても体力が余っているようで、今は普通の幼稚園に行っているので外遊び中心で、外遊びを幼稚園でたっぷりしてもうちに帰ってきてもまだ外で遊びたいというくらい、なぜこの子はこんなに体力があるんだろうと私が思うくらいなので、そういう子どもがそういう内遊び中心の保育の中に入ったらどうなるのかなと今、心配というか気になったので、ちょっとお聞きしたかったんです」

大村先生「一日中、動き回っていますか」

参加者「そういう訳でもないんですが。今、幼稚園で見ていると、少人数の幼稚園なんですけれども男の子が――元気な男の子が学校に行けばやはり仮面ライダーごっことかウルトラマンごっことか、そういう遊びが多いんです。うちは干渉《かんしょう》しなかったんですけれども、おとなしい女の子たちの中に入って、ちょっともてあましたというか、その辺は私もよくわからないんですが、元気な男の子だったら、遊びは闘いごっことかするしかないんだろうなという疑問も今あるんです。そうすると、シュタイナー幼稚園に通っているお子さん達は、とても体力が余っている男の子はどうしているのかなということを伺《うかが》いたかったんです」

大村先生「なぜ私が今、一日中動き回っていますかと伺ったかというと、どんなに動くことが好きな子でも、やはりよく見ているとリズムがあると思うのです」

参加者「それはありますでしょう」

子どものリズムを見つけてあげてリズムに合った生活ができるように…

大村先生「ですから、その子のリズムに合わせて、つまり動き回りたい時に外に出て十分遊ばせてあげたら、その後にはすーっと静かになりますね。そのときにきっと静かな遊びをするでしょう。私達がこうさせよう、ああさせようというのではなくて、子どものリズムを見つけて、そのリズムに沿って生活できるように助けてあげるといいですね。子どもはそれぞれ自分が心地よく感じるリズムを持っています。ですから、黙っていても子どもはそのリズムで生活していきますでしょう。私達が一番気をつけなければならないのは、子どものそういうリズムを見つけてあげて、なるべくそのリズムに合った生活ができるように仕向けてあげることですね。もし一日中動いている子がいたとしたら、その子が静かにしていたい時に、遊びなさいとか、外遊びの時間ですよと外に行かされて、ようやくその気になって動き始めると、もうおやつですと言って中に入れさせられるとか、そんなことがあるのではないかな、と思うんです。つまり、自分のリズムとは全然違うことをさせられていて、結果的にはいつも動き回っている、ということになる、というような…。あなたのお子さんとは違う例ですが。

ただ、幼稚園というのはみんなで生活しているところですから、一人ひとりのリズムに合わせることはできませんでしょう。ですから、一週間、二週間、一か月、二か月かかって、子どもに幼稚園のリズムが身につくよう、そしてそのリズムで生活するように促すのです。幼稚園では大体子どもの本来のあり方に沿ったリズムで生活していますから、子どもにとってとても心地よいと思いますよ。私達は朝、太陽が昇ったときに目がさめて、お食事をいただいて、それから活動をして、また少し休んで、また活動をしてお昼を食べて休んで、というリズムがありますね。幼稚園では、そういう子どもが持っているリズムに合わせた手順ができていますから、子ども達にとって無理がありません。ですからどんなに動き回る子がいてもみんな心配していないんですが…。そんなことでよかったかしら?」

参加者「はい」

大村先生「それがひとつですね。お聞きになったことと、ちょっと違ってしまいましたね。ごめんなさい。あともうひとつは何がありました?」

参加者「あと、私も今、ちょっと頭が混乱して」

大村先生「さっきこのみさんが言ってくださった、後から入ってきた子はその前にいる子のまねをして、だんだん一緒に遊ぶようになるということもとても大切なことですね。縦割《たてわ》りの教育というのはとてもいいんですね。同じ年齢の子ども達が一時に入園して…ということがなくて、同じクラスにはお兄ちゃんもお姉ちゃんも弟も妹もいます。ですから、家庭と同じように子ども達はお兄ちゃん、お姉ちゃんのまねをして、いろいろなことを覚えていきます」

小野里先生「さっき言いましたが、一日にはリズムがあるんです。毎日同じように朝来たら朝の歌をうたって、内遊びをして、その後におかたづけがある…というリズ

ムが、もう子ども達の中に住みついているんです。暴れん坊の男の子ももちろんいるんですよ。おとなしい子だけが来ているんじゃないですよ。でも、暴れん坊と言うのは、たいがい自分の衝動や気持ちが、うまく表せなくて、暴れてしまうんですね。でも『こどもの園』では、静かにするか活動する時かを子どもの自然な欲求のもとに決めていて、毎日同じリズムをくり返しています。そのリズムが、子ども達の中に入っているので、その流れの中で、子ども達は、思いっきり表現することができます。だから朝『こどもの園』に着いたら内遊びをするんだとわかっているんです。それをしたい、それをする心の準備もできている…。朝来たらすぐ自分が遊びたいところへまっしぐらに向かっていきますから。それで自分の衝動が創造的な遊びの中に生かされると満足し、暴れたかった気持ちは消えてしまいます」

参加者「外遊びの時間はどのくらいあるんですか」

小野里先生「内遊びと同じぐらい、一時間ぐらいあります」

大村先生「季節によっても、それからその日の天気によっても子ども達のリズムが変わることがありますからね。ずっと長い間雨が降って、外であまり遊べない日が続いた後に晴れると、子ども達は長い間外で遊びたいでしょう。ですから、子ども達をよく見て、子ども達がその時に必要としていること、絶対に何時から何時までと決めるようなことはしないで——させてあげるといいですね。子ども達の必要なことを必要なようにさせる、それで子ども達が成長していく、子ども達が生きていく力を獲得できるように助けてあげることが、私達大人の役割ですよね。私達が私達の考えで、子どもに無理やりさせるということではないんですね。毎日大変なこともありますけれども。

さっきも言いましたように、前から幼稚園に来ている子がいるでしょう。その子と一緒に遊ぶ、その子のまねをして覚えていく、そしてリズムができてゆくのが一番いいんでしょうね。先生達が、こうするんですよ、ああするんですよと言って、教えるのではなくてね」

小野里先生「だから、その時の気分とか、子どもの世界の中でもいろいろ事件が起こりますから、外に遊びに行きたくない時もあります。その時はそうします」

大村先生「雨が降っていても、お散歩に行きますしね。傘《かさ》をさすと、雨が傘にあたってぽつぽつと音がするでしょう。長靴をはいて水溜《たま》りを歩いたら、ピチャピチャと音がするでしょう。子どもは大好きですね。私達がそれをさせたくないのは汚れるからなのね。(笑) しょうがないじゃないですか、汚れても。幼稚園では思いきり汚します。洗濯機もありますし」

小野里先生「汚れたものを子ども達と一緒に手で洗うこともあります。大切なのは、これはこうだから、決まっている通りにしなくちゃというのではなくて、子どもを見ていて、今必要としているとわかったら、じゃあ今はこう変えましょうと教師が決めることです。多少リズムが途切れても、子ども達が何を必要としているのかを感じる大人、それをどうするかを判断する大人がいればいいのではないでしょうか」

子どもが何を必要としているのかを見たら何をしてあげたらよいかが分かります。

参加者「それはそうだと思うんですが、外でするような遊びを内遊びの時間にお部屋の中でしていたら、どのようにして内遊びに関わることをさせるように、させるというと変ですが、どのようにしたらいいのでしょうか。さっきのお話だと、以前からいろいろちゃんと行動を見て、ということでしたけれども、こっちをしましょうというような形でしていくのがいいのでしょうか」

小野里先生「教師として、内遊びなら内遊びが充分できるようにサポートしていますね。例えば大きな声をひとりの子どもが上げ始める。そうなると、ほかの子どもにも伝播《でんぱ》していくということもありますので、他のことをして気分を変えられるようにすることもあります。走り回っているときは、何かお手伝いを頼んだり、『妖精さんが驚いて震えているわ！』と話したり、抱き寄せてお話

をしたりします。それでも止まらない時は、外に一緒に行ってしばらく遊ばせてあげます。何をその子どもが必要としているのかを見たら、何をしてあげたらよいのかが分かってきます」

大村先生「一人ふたりでそうやって、部屋の中で元気に、時にうるさく(笑)動き回ってるでしょう。でも、大抵はほかの子たちは全然平気で、静かに遊んでいますよ。そうすると自分だけ騒いでいてもだんだんつまらなくなって、静かに遊んでいる方に寄っていって、いつの間にか仲間に入ってしまうということもあります」

小野里先生「朝来たときにすぐ内遊びをするというのは、いきなり外に意識を向けるのではなく、部屋の中で遊ぶことによってだんだんと身体も目覚めさせてあげたいと考えているからです」

大村先生「どうなんでしょうか。皆さんが質問なさっているのは、こんな時、家《うち》ではどうしたらいいの？　とお聞きになっているのかしら。それとも、幼稚園でこういう場合はどうしているの？　とお聞きになっているのか

しら。質問なさる時にご自宅でか幼稚園でなのかをおっしゃってくだされば、もっとはっきりお答えできると思いますので、そうおっしゃっていただけますか。シュタイナー幼稚園でどうしているかと聞かれたら、すごく簡単なんですよ。こうしていますと言えますから。幼稚園ではできることでも、家《うち》ではできないこともありますし。家《うち》ではできないからどうしましょうとおっしゃるのでしたら、ご一緒に考えましょう。あなたはお家《うち》のことを聞いていらっしゃるんですか」

参加者「いえ。シュタイナー幼稚園ではどのようになっているのか、ということです…」

大村先生「そうですか」

別の参加者「幼稚園の流れをもう一度お聞きしますが、最初に朝のあいさつがあって、朝のお祈りをして、ライゲンがあって、内遊びがあって、おやつがあってという流れですね。その幼稚園の一日の流れにはたぶん一貫性のある考え方があって、そういう流れをとっているんだと思うんです。それを逆転することは問題になるのかどうか。例えば、外遊びをやってから内遊びという考え方はまずいのか。

それは要するに、たぶん流れを考える、リズムをつくる。今までやってきたからそうだ、ではなくて、子どもに合わせていくのであれば、まず最初に考えられるこういうリズムを一日子どもに与えたい、要するにこういうような意味で、ある期間ずっと、さっき言ったように考えてやってきたことだと思うんですけれども、その辺をどういうふうな考え方でやっているのかということを知りたいなと思いました。今のように、暴れている子に対し内遊びをしたりというのは、周りの子ども達の影響というのではなくて、多分リズムに沿って、その子をそうさせておいた方がいいだろうという考え方でなさっているんだろうと思うんですけれども」

小野里先生「先ほども言いましたけれども、朝まだ心が本当に目覚めていない時に、外に行って開放して、ぱーっというのは自然の流れに合っていないので、朝は内遊びをします。最初のうちは部屋の中で遊び、後半に外遊びという大きな流れをまず作ります。その中に、朝に来た時に、みんなでする共同作業といいますか、大きなひとつのまとまりとして、みんなであいさつをする。そして輪になって朝の言葉を唱え、その後で内遊びをして、ライゲンをします。教師がその時期の子ども達に与えたいと思っている季節のものや、お祭りの音楽や歌を輪になって子ども達とします。その後で、ちょっと一休みしておやつ。お茶を飲むということだけでも子どもは落ち着きます。子ども達はたくさん遊んで片付けて、ライゲンをしておやつをいただき、十分内的なことをしたので、次にそれを解放してあげる外遊びをします。でもはーっと解放されたままお家《うち》に帰ったら、大変になるので、自然な心の動きとしてまた内に戻るように、お話をして、心がほっとして、最後にお祈りをして、さよならをして終わります。大雑把《ざっぱ》な説明ですが、流れとしてはそういうふうに考えています。

ただ、それはお昼ご飯を食べずに帰っていたころの流れなんですが、今、『こどもの園』ではお昼ご飯を食べるようになりました。時間が長くなったので、もう少し内遊びを長くしてライゲンをしてお昼を食べて、その後に外で遊んでお話をします。内遊びと外遊びという流れは大体どこのシュタイナー幼稚園でもそうなっていると思います。ただ、すごく暑い国で、昼間になると暑くなりすぎて外で遊べないので、先に外遊びをしているところもあるそうです。だから、その場所とか、その園の状況とか、先生の考え方で変わります。どんな方法でも子どもの自然なリズムを基本に考えて組み立てれば間違いはないですし、しばらくやってみて、子どもの様子で流れが良くないところはまた変えたらよいでしょう」

一日のリズム、一週間、一か月のリズム 気質によっても活動のリズムが違います。

大村先生「簡単なんですよね。リズムをつくるのではなくて、もともと子どもの中にリズムはあるのですから、そのリズムを大切にしたらいいんですね。大人がそのリズムをちゃんと見て、そのリズムに合った生活を子どもにさせてあげるということだと思うんですね。今、このみさんが言ったように、一日のリズムがあります。一年のリズムもあります。一年のリズムというのは、冬は寒くて日が短かく、夏は暑くて日が長いですね。簡単に言うと、冬の間はあまり活動をしないで、夏はうんと活動する。そして、それぞれの季節の中にもまたリズムがありますでしょう。一か月のリズム、一週間のリズムがあります。休み明けの週の最初はなかなかエンジンがかかりませんね。中ごろには調子が上がり、終わり頃には疲れが出てきてまたゆっくりになりますね。また、一日の大きなリズムもあってそれは太陽が昇って、日中は活動して、夜はまた休息するというリズムですね。でも、その中にもまたリズムがあります。ですから、大きなリズムをまず私達は理解して、その中のまた小さなリズムを見、そうして子どものリズムを大事にしていくということが一番のもとにある考え方だと思います。それから気質によっても活動するリズムが違いますね。静かにする時間が極端に少ないという子どももいます。それがいいとか悪いとかでは決してないんですが、やはりより調和がとれた方が子どもの成長のためにはいいのですね。全然調和がとれないと、それこそ子どもの成長のリズムが崩《くず》れることがあります」

参加者「幼稚園のリズムでしていきたいんですけれども、その子どもの持っているリズムは休みの期間、逆に、家にいる間の長い夏休みの間には、そのリズムが崩れてしまうことはないんでしょうか」

大村先生「本当は崩れないんですよ、子どもの中にあるリズムは。親や環境が崩してしまうんですね。ですから、それを崩さないようにお家《うち》でしてあげたらいいですね。お家《うち》でライゲンをするのは難しいかもしれませんね。本当はそんなに難しいことではなくて、お母さんなら誰でもできると思うんですが。でも無理だったら、そんなことは全然することはないですよ。けれど、今はお家の中で一緒にいるようにしようとか、あるいは外に一緒に遊びに行った方がいいなとか、お父さんもお母さんも子どものリズムに合わせて、そういうことはできますでしょう。

それから、お祭りやお祝いごとがありますね。お祭りの一番素晴しいところは、普段のリズムを壊してしまうことなんですね。壊すことによってエネルギーが生まれ、楽しさが生まれ、いろいろ工夫して物を作ったり料理を作ったり、普段会うことのない人たちとおしゃべりしたり…。そういうことが私達が生き生きと生きるためには必要ですね。子どもにとっても、時にはリズムを崩すということもとても大事なんです。ですから、幼稚園でもいろいろなお祭りをします。けれども、それはもうすべてが大人の意識にかかっている、大人の意志による、と考えています」

参加者「家でのことなんですけれども、親はなぜかいらいらがあると不安定になって、そういう時にはどうしたらいいのでしょうか」

大村先生「不安定になる先輩としてですが（笑）、抽象的ではなくて、こういう時にはどうしたらいいですかと聞いてくださるといいですね。なぜかというと、不安定といっても、いろんな不安定がありますでしょう。なにか原因があってどーんと落ち込むとか、原因が分からなくて、どうしてかイライラするとか」

参加者「どーんと落ち込んだ時です」

大村先生「どーんと落ち込んだ時ですね。落ち込んでいたらいいじゃないですか。（笑）子どもは慰めてくれませんか。慰めてくれますでしょう。そうして元気をとり戻すことはありませんか。子どもはお母さんだって元気じゃない時があるんだって分かるでしょう。その時は私が慰めてあげよう、って思うでしょう。そんなのだめですか。皆さんは、落ち込んで不安定になった時、どうしますか」

参加者「私はそのまま。私は、今こういう状態の中で泣きたい時は、私は子どもの前でもぼろぼろ泣いてしまうし、でもなぜそういうふうになったかというのをわかるようにしたい。そうすると、その子が受け取ったその感情で、その子なりの心で、思ったことでかかわってくれるから、別に自分がつらいのにつらくない振りをする必要もないし。そうしてしまうと、今度は子どもがそれを見ていて、それをしなければいけないと思ってしまうと思うので、そのままの姿でいいと私は思います。だから、わからない時は私はわからない。私はわからないけれども、こう思うよとか。

例えば、うちの子どもが最近すごくよくする質問で、どうして地球は回っているのと。それが一日に一〇回も二〇回も、学校を終えてから何度も聞くんですね。そのきっかけというのは、夜になって寝た時に怖《こわ》い夢を見てしまって、夜になるのが怖いと言うんですよ。どうして夜になるの、と始まったんです。私は、それは科学的なことじゃないの、とか、お母さんはこう思うとか、ああ思うと言っても、本人にそれが納得できないと、じゃあほかの人はどうなのかということで、道を歩いている人に聞いてもいいかと私に聞くんですよ。聞いてもいいけれども、知らない人に聞いたりしたら、きっと向こうは何だろうなと思われてしまうだろうし。でも、やはり本人はその答えが見つかるまでは聞き続けるんですよ。話が飛んでしまって申しわけないんですけれども、私は何と言ったらいいかわからない」

大村先生「やぶへびになってしまいましたね。（笑）あとでご一緒に考えましょうね。では、ほかに落ち込んだ時にどうしていらっしゃるか、いいアイディアがある方はいますか」

参加者「いいアイディアかどうか。どーんと落ち込んで暗くなって、本当に自分が内側に入ってしまった時みたいな落ち込みようの時に、下の子どもを抱きしめたりしているだけで逆に勇気付けられるというか、その温かみで、子どもの温かみで、急激には変わらないですけれども、何となくうんと落ち込んでいたのから少しずつ立ち直れるような気がするんですけれども、私は。それで別に何もしないで、抱っこしているだけみたいな。あとは本を読めるんだったら、一緒にごく優しい物語を子どもを抱きながら読んでいると、自分が逆に慰められるかなという気持ちの時もあります」

大村先生「そうですか。ありがとうございます。私にもそういう時に私はこうでありたいと考えていることがあるんですよ」

参加者「落ち込んでしまうのはいいんですが、一般的に、私が落ち込んで、悲しかったり苦しかったり、つらかったりすると、子どもも悲しかったり、つらかったり苦しみますよね」

「自分の感情を教室に持ちこまない」こうしようと決めたら、絶対できる。

大村先生「そうですね。子どもにつらい思いや、悲しい思いをさせたくない。苦しむようなことをさせたくないと思いますね。いろいろな考え方があって、自分が悲しんでいることで、子どもに悲しい思いをさせないようにしたい、という考え方で子どもを育てていたら、自分の苦しみや悲しみを隠して、自分がどんなにつらくても大変でも苦しくても子どもの前では明るく振る舞う、という考え方もあるでしょう。そういうふうにして頑張っているお母さんもいらっしゃると思います。それはその方が決められることだから、いいと思います。いいえ、だれにもいいとか悪いと言うことはできません。どんなことでも自分で考えて、自分で決めて、自分で責任を負うのですから。

もしあなたがそういうふうに考えて、そうなさるのであれば、それはそれでいいと思うんです。でも、子どもがあなたのつらい思いや悲しい思いを感じないかといったら、たぶん子どもはわかると思いますけどね。わかっていて、その時、子どもが何を学ぶかといったら、お母さんは自分のつらい思いや苦しい思いに負けずにがんばって笑っている、それを学ぶと思うんですよ。でも、人によってはそう考えない人もいます。親が悲しみや苦しみを表さないと、そういう感情を表してはいけないんだ、と思って、子どもは自分の悲しみや苦しみを引き受けられないようになるかもしれない、そういうふうに考える人もいると思うんです。自分の中に生まれた感情を認めない、隠す、知らんぷりすることを、子どもが自分の姿から学んでしまうと思われるお母さんもいるでしょう。ですから、どうしたらよいのか、私には分りません。それは本当に自分で考えて決めることだと思うし、私は感情を家の中では――特にパートナーには思い切りぶつける人間なんです。私は外づらの良い人間なので外に行くと、結構コントロールできるんですけれど。（笑）

ただひとつだけ、これは本当に自分に言い聞かせていることがあります。それは自分の内に生まれた感情を認めよう、ということです。それだけはしようと決めています。今、私はシュタイナー学校で教師をしています。それで、毎朝、学校までパートナーと一緒に車で行くんですが、ささいなことで言い合いをして、大体私が一方的に言っていますけど、（笑）朝から、だーっと怒っていることがあります。それで車が止まって、ドアを開けるまでまだ怒っているんです。それで、ドアを閉めて、校舎に向かって歩き始めます。その時に決めます。もう怒らないって。子どもが私に向かって走って来るでしょう。するとぱっと変わるんですよ。本当に変われるの。怒りがすっとなくなるんですね、不思議なことに。本当にこれは不思議ですね。

シュタイナーは『自分がそれまで持っていた様々な感情を、帽子掛けに掛けて、教室に向かいなさい』と教師に言ったそうですが、初めてそのことばを聞いた時、私はそんなことができるとは思っていませんでした。私、とっても怒りんぼうだから、すごく心配していたんですよ、教師になる前に。自分の気持ちを学校まで引きずっていって子どもに当たり散らすんじゃないか、少なくともそういう気持ちを持ちながら授業をするんじゃないかと、私はとても不安だったんです。でも、そうはしない、絶対、自分の感情を教室に持ちこまない、と決めたんです。それはごまかしたり、感情を無視するということではありません。自分の感情をしっかり見つめ、しっかり認めることで、できるようになりました。私は今とっても怒っている、すごく腹を立てている。でも、今はもう怒るのを止めよう、って決めたらできました。一九九九年の一〇月から学校を始めたんですけれども、今日まで、一度も子ども達の前で、感情のままに振舞ったことがありません。いえ、怒りや荒々しく沸立《わきた》つ感情が全く湧《わ》かないんです。これは本当に驚きでした。

それで何を言いたいかというと、決めたらできるということです。こうしようと決めたら、絶対できます。ですから、落ち込んだ時には、私は今落ち込んでいるけれど、子どもと一緒にいる時は、その感情におぼれずにいようと決めたらいいんですね。そうしたらきっとできると思います。でも、そういう気持ちになれない時は、今

真剣に、にこやかに…。

日はどうしようもないから許してもらおうと決めるんです。つまり、さっきも言いましたが、無意識にするということが一番よくありません。自我を持たない幼い子ども達は無意識の内で生きています。ですから、私達が無意識に言っていること、無意識にしていることを、無意識に受け取るんですね。わかりますか、わかりにくいですか?」(笑)

参加者「伝わりました」

大村先生「伝わりましたか。よかった。ありがとう。子どもは意識がはっきりしていないから、私達が意識せずにしていること、あるいは言っていること、思っていることが一番よく伝わってしまいます。そのまま受け取るんです。私達が受け取ってほしくないと強く意識したことは受け取りません。だって、私の意識が働いているから。私がそれを受け取ってほしいと意識したら、子どもはそれを受け取ります。分りにくいかな、と思いましたが、伝わったというからよかった。私達は決めたらいいんです。どんなことでも――いいんですよ、落ち込んでいたら落ち込んでも。ごめんねって言わなくてもいいんですよ。言いたかったら言ってもいいんですが、あまり直接的に、お母さんは今おばあちゃんに、こうこう言われたから、落ち込んでいるのよ、なんてね。(笑)このみさんはまだ、結婚していないから、お姑《しゅうと》さんとのやり取りはきっとわからないね」(笑)

小野里先生「祐子さんがおっしゃるように、子どもの前に立ったら変われるんですが、あまり大きな怒りや衝撃《しょうげき》だと変われないこともあります。そんな時は考えます。それは自分の悲しみや悩みだということをまずわかること、そしてその上で自分はどうするかを決めたらいいんですね。

私が最初に幼稚園の先生を始めたのは、アメリカから帰ってすぐだったんです。アメリカに行く前に、日本で公立学校の教師をしていたので、教師の経験はあったんですけれども、『ひびきの村』という、コミュニティーをつくりたいという思いで帰ってきたので、教師になろうとは思っていませんでした。特に幼稚園の先生というのは全然考えていなかったんですけれども、『村』のスタッフに子どもがひとりいて、子どもには子どもの場が必要だ、ということを話し合って幼稚園を始めようと決めました。誰が教師をするかとなった時に私がしようと決めたんですね。それでアメリカから帰って来た次の月に始めたんです。だから私は、シュタイナーの教員養成コースで学んだこともありませんし、おもちゃもまだ何もなくて。ただあったのは場所だけだったんです。二軒長屋のアパートで」

大村先生「普通はそれは幼稚園にふさわしい場所と言わないけれども」(笑)

子どもと一緒に海に行って、貝殻や流木を拾って始めた幼稚園。

小野里先生「その場所があって、ここで子どもの場を作ろうと始めたんです。だから、最初は全然自信がなかったんです。子どもと一緒に海に行って、おもちゃのために貝殻《かいがら》や流木《りゅうぼく》を拾ったり、木を切って磨《みが》いたり、安い素材を拾ったり、もらいながら、幼稚園を始めたんです。カーテンも自分たちで作りました。

その中で、とにかく、自信がなかったのにやっていたのはなぜかというと、必要とされることはやろうと決めたからだと思います。私が子どもを何とかするとか、そういうことではなくて、すばらしいことはできないかもしれないけれども、少しはシュタイナー教育のことを知っているし、それをもっと学んで、今私がしていることをより確信のあるものにしたい、という気持ちでした。子どもにとって、身近なところにそういう人間がいるということだけでもいいんじゃないか、全然完璧《かんぺき》じゃないし何もわかっていないけれども、真に生きたいと目指して願っている人間、悩みながらも泣きながらもやっている人間がいるんだということを、子どもが体験してくれたらいいんじゃないか、そう思いました。――最初のその年の子どもにはかわいそうなことをした、と思っていることが沢山あるんですけれども――、子どもがそこに

「どんぐり」と「くるみ」と「木のスプーン」

いてくれて、一緒に過して、そうしながら歩いてきました。私が毎日勇気をもらえた、私の意志を強めてくれたひとつの言葉があるんですけれども、ちょっと言わせてくださいね。毎朝それを唱《とな》えてその言葉に力をもらって、幼稚園の教師を続けることが出来ました。それは、『愛する神よ、私が個人的野心における自己を滅《めっ》することができますように。キリストよ、私においてパウロの言葉「私ではなく私の中のキリスト」を真実のものとしてください。それによって真の教育と真の授業を司る正しき聖霊が私の中に働くことができますように』（日本のシュタイナー幼稚園　高橋弘子著＜水声社刊＞より）

という言葉です。だから、あとはこの言葉が働いてくれていると思って、安心して子どもを怒ることもありました」（笑）

大村先生「落ち込むこともありましたね。（笑）いろいろありましたものね」

参加者「お話は戻ってしまうんですけれども、雨の日にシュタイナー幼稚園で一時間ぐらい外遊びをするとさっき言っていましたね。外に出て、雨が降ることもあるんですよとおっしゃっていて、私もやはり雨が傘に当たる音とか、水たまりにポツポツする音とか、子どもがまだ小さいんですけれども、これからもっといろいろな音を知っていてほしいと思って、そういう意味でもさせてあげたいと思っているんですが、シュタイナー幼稚園でそういう外遊びの日に、雨がザーッと降っている時に、時間的に言うと変なんですけれども、晴れている日と同じぐらいの時間、外にいらっしゃるのかなと思って」

小野里先生「北海道ですから、冬は、外の砂場にすわりこんで遊ぶことは、寒くてとても耐えられないのでお散歩に行っていろいろ見たり、外にある小屋に入って雲が流れるのを見ていることもあります。でも時間は短くして調整します」

大村先生「でも、一日一回は必ず行くわね、外へ」

小野里先生「必ず外にはどんな日でも行きますね」

大村先生「嵐でもね」

小野里先生「嵐も大好きですよ」

大村先生「子どもは大好きですよ。だから、基本的にはどんな日でも外に行きます」

小野里先生「かぜをひいている子は行かないで中で遊んでいますけれども」

参加者「ありがとうございます」

大村先生「それから、さっきのやぶへびの問題は何でしたっけ?」

参加者「今、私がすごく困っているというか、子どもにずっとそういう質問をされて」

大村先生「地球が回っているということでしたね。それは無理ですよ」

参加者「わからないですよね。でも」

大村先生「何歳ですか。二歳?」

参加者「今、三歳でもうすぐ四歳」

大村先生「地球が回っているということがわかったら、すごいです。難しいことをたくさん話されたんですね」

参加者「だから、それが、じゃあ地球でないところに行きたいなとか言い始めてしまう。そうか、困ったな、でもここに生まれたのは運命なんだという話。私も何だかだんだん困ってきてしまっているんですけれども、納得しないと」

大村先生「今まで聞いた答えで安心できないから、十回も二十回も聞いているんでしょうね」

参加者「そうですよね。だから、私もどういうふうに言ったらいいのか、自分の中でも納得しないし。若い人に聞くとなぜ?　という感じで、不意に聞かれると、あまりそういうことを聞かれたことがない大人は一瞬引くというか、そんなのは別にいいの、みたいな感じで、適当にごまかしてしまう」

大村先生「三歳か四歳の子どもに地球が回っているということを教えたというのがまず間違いでしたね。すごく不安になると思いますよ。どうしようと思うでしょう。地球が回っているなら、自分もくるくる回っているんだ、きっとそのうち目が回って倒れるんじゃないだろうか。そうなったらどうしようと思っているんでしょうね。すごく不安なんだと思いますよ。かわいそうに…」

参加者「夜が来るのが怖いということを、本当は怖くないんだよ、と言いたかったんですが。どうしようもなくて」

二歳や三歳の子どもさんに聞かれたら絶対に事実を科学的に教えないでください。

大村先生「二歳や三歳の子どもさんに何か聞かれたら、絶対に事実を科学的に教えないでくださいね。子どもが聞いたら不安になることが沢山ありますから。大人の私達はいろいろなことを知って理解しているから、納得できますよね。でも私は、あんな大きな飛行機が飛ぶなんて、どんなに説明されても未だに分かりません。理論は分かります。でも、心が受けつけないんです。子どもにとっては地球がくるくる回っているっていうことだけが心に大きくのしかかるのでしょうねえ。自分はどこにいるんだろう、いまにひっくり返えるんじゃないだろうかと思うんでしょう。きっと思っているんでしょうね。かわいそうだったわねえ。

お話をしてその不安な気持ちがなくなるようにしてあげたらいいなって思うんですよ…。いろいろ考えているんですけれども、さっきから。こんなお話はどうかしら?

むかしむかし神様が、この世の中を明るくしよう、と考えて太陽をおつくりになりました。太陽はとっても暖かく、そして明るく輝いたので、世界中のものが喜びました。でも、地球はまるいので（神さまはまるいものが大好きで太陽も月もまるくつくったのよ）太陽が輝いている方は明るくて暖かかったけれど、反対側はいつも暗くて寒かったのです。太陽は、『地球に生きている石ころも植物もお花も草も木も動物も、みんな私の温かみや、私の光りを浴びてほしい』と思いました。

それで、地球と太陽とが相談しました。地球は言いました。『いい考えがあります。太陽さん、あなたがわたしの周りをぐるっと回ってくれますか。そうしたらどこにでもあなたの光と温かみが届きますよ』太陽は答えました。『私の身体はあんまりにも大きいので回るのは大変なんです。地球さん、あなたが回ってくれませんか』地球はよくよく考えました。そして、そうすることにしました。そして地球は、神様に相談しました。『神様、地球の上で暮らすみんなが太陽の光と温かみを受けることができるように、私は一日に一回ぐるりと回ることにしました。私はできる限りゆっくり回ろうと思いますが、万一、石ころや花や動物たちが落ちてしまうといけません。どうしたらよいでしょうか』

そこで神様はお考えになりました。そして、力持ちの大きな大きな天使を地球の真ん中に住まわせて、石ころや花や動物たちが落ちないようにいつも引っ張っているようにお命じになりました。そこで地球は安心して、ゆっくりゆっくり、回り始めました。それからは、だれも地球から落ちることもこぼれることもなく、みんなが十分に太陽の光や温かみを感じられるようになったんですって。よかったね…。

あなたが本当にそれがよかった、幸せだねと思うことがいちばん大切なことなんですよ。そうしたら、子どもさんもそう思いますから。帰ったら話してあげてください」

参加者「きょうお母さん、学校に行って先生に聞いてくるからと行って出てきたんです。お母さんにはわからないから、学校で聞いてくるねと」（笑）

大村先生「お母さんが学校へ行って先生に聞いて、それをお母さんが話してあげて、それで子どもさんが分かったと安心したら、学校に行くのがすごく楽しみになるでしょうね。学校の先生はわからないことを何でも教えてくれるんだ、お母さんがわからないことまで教えてくれるんだと思ったら、学校の先生はすごいって思うでしょうね」

参加者「ありがとうございました」

別の参加者「皆さんのお話に介入してもいいですか。たぶん、三歳ぐらいのお子さんだったら、そのどうして地球が回っているのとか、どうして夜が来るのとか、『怖《こわ》いよ』という言葉をそういう言い方であらわしているんだと思うんですよ。だから、もしかしたらその子の怖いという気持ちの方を、怖いんだねと言って、何度もそれを聞いてあげていると、だんだんそれでもう落ちついてくるかなという気はします。うちにも二歳の子がいるんですけれども、やはり暗いところは怖いとか、いろいろ言うんですね。でも、その怖いという気持ちを聞いてもらうと楽になる」

大村先生「そうですね」

参加者「それはそんなに難しい説明を言わなくても、だいぶ簡単にできることだと思いますので」

他の参加者「うちの子は、怖さをすごく体いっぱいで表現する子なので、掃除機も本当に嫌なんです。幼稚園に行ったときにまず一番初めに聞いたのが、この幼稚園に掃除機がありますか、と聞いたぐらい、本当に嫌いです。また、どこかへ行くと、子どもだからおこづかいをくれたりしますよね。でも、財布が怖いと言って…。だから、そういう子もいるんです。自分が考えていた、思い描いていた子どもと、自分が持った子どもは全然違っていたので、最初はとっても驚きました」

大村先生「すごいプレゼントをもらいましたね」

参加者「だから、それだけ強烈に私に知らせてくれるためにいるんだなというので、私自身の方が学んでいます」

大村先生「うれしいですねえ。もしそういうお子さんを持たなかったら、あなたは掃除機の音を何とも思わずに一生過ごしたかも知れませんね。世の中にそういう子がいるなんていうこともきっと知らずにいたでしょうね。私達にも教えてくださって、ありがとう。休憩しましょうか?」

小野里先生「長くなったので、いったん五分間休憩しまして二時五十五分にまたこちらに集まっていただいて、続けます」

〈休憩〉

「ひびきの村」について、いい機会ですのでお話しします。

大村先生「先ほどの続きを、このみさんがまた一日の流れを追いながら話してくれることになっています。その前に、『ひびきの村』のことを聞いてくださった方がいますので、いい機会ですのでお話ししたいのですが、よろしいですか。有珠山《うすざん》が噴火した時には、皆さんにご心配いただいてありがとうございました。本当に感謝しています。お電話をいただいたり、メールをいただいたり、たくさんの方に心を寄せていただいてありがとうございました。テレビのニュースで伊達《だて》という名前が出てこない日はないほどに放映されました。ああいうことがなかったら、伊達という町を日本中の人に知っていただく機会はなかったと思います。伊達市は人口三万四千人ぐらいの小さな町です。さっきテレビで見ていただいたように、とってもきれいなんですよ。『シュタイナーいずみの学校』は有珠山から直線で十四キロメートルの所にあって、毎日、私は家を出た後、有珠山の方に向かって車を走らせます。

『ひびき村』の事務所は町の中にあります。その事務所は須藤建設という建設会社の三階建ての建物の、一階と三階のフロアをお借りしています。そこの建設会社の社長さんが私達にとても共感してくださって、それで貸してくださっています。こういう方がいらっしゃらなかったら、私達があんなすばらしい事務所で仕事ができることはなかったでしょうね。しかも、窓からは有珠山と昭和新山が見えて、屋上に上がると噴火湾が見えて、湾の向こうには函館の方に駒ケ岳が見えます。そういうところです。『いずみの学校』はそこから二キロぐらい離れた、もっと有珠山寄りにあります。

私達の活動に心を寄せてくださっている中泉さんという六〇歳代の御夫婦がいらして、私達が学校を始めたいと言っているのを聞いて、昔、産院として使っていた建物が今、空いているから使っていいですよ、とおっしゃってくださいました。奥様のお母様が昔、助産婦さんをしていらしたんですね。そこもとても安く使わせていただいています。本当にありがたいことです。部屋が小さかったので、壁を取り払ったり、お母さんやお父さん達とみんなで壁や床を張ったり、ペンキを塗って、学校を始めました。

先ほど見ていただいたビデオは、十二月中旬（一九九九年）ぐらいに取材に来てくださって、その時は生徒はふたりしかいませんでしたが、この四月から五人になりました。（二〇〇〇年）一挙に2・5倍ですよ。（笑）三年生がひとりと五年生がふたりのクラスひとつと、六年生と七年生がひとりずつのクラスがひとつです。その六年生と七年生のクラスを私は受け持っています。

先ほどのビデオの中に、子どもがふたりと、ひとり、大人っぽい人がいたでしょう。（笑）彼女は私のアシスタントをしながら今、教育実習をしています。十月から三月までずっと一緒に授業を受けて、放課後私と一緒に勉強して、そういうふうにトレーニングしてきて、この四月から低学年のクラスを担任しています。あと専科は、『ひびきの村』のスタッフが教えています。全員が教員免許を持っている訳ではありませんが、それぞれの人が大学で勉強したり、好きでずっと勉強していたことを専科として教えています。音楽、絵画、木工、手仕事などです。

授業は、朝八時四五分から三時十五分までです。

それから『ひびきの村』にはリムナタラ農場がありますす。実は今、このみさんが農場を担当しています。彼女は農業がとても好きなんですよ。それでシュタイナー・

カレッジで、このみさんと同期のスタッフが幼稚園を受け持ってくださるというので、今、このみさんは農場長をしています」（その後、二〇〇〇年九月から、小野里このみさんは幼稚園を再び担当）

大村先生「農場には、永谷ふみさんというおばあちゃんがひとりで住んでいます。後を継ぐ方がいなくて、もう牧畜も農業もやめていますので、農地を貸していただいています。五〇年以上も牛の面倒を見、畑を耕してきた方です。そんな方ですから、御自分が長い間してきた農業のやり方があるでしょう。私だったらきっと自分のやり方に固執《こしっ》すると思うんですが、おばあちゃんは全然そんなことなくて、私達がやっていることを見て、『そういうやり方もあるんだね。じゃ私もやってみよう』とおっしゃるんですよ。そして、御自分の土地が皆の役に立っているということを心から喜んでくださって… 心が広く、ものごとを深く感じ、考える、本当にすばらしい方です。ふみさんに支えられて『ひびきの村』はここまで成長できました。

園舎は農場の古い牛舎を改装して、本当にすばらしい場所になりました。それも大滝村という、伊達からずいぶん離れた山奥の雪深いところに住んでいらっしゃる方たちが、専門の大工さんではないんですけれども、御自宅も御自分でつくって、自給自足を目指している方達が、ボランティアで作ってくださったんです。毎日一時間以上も雪の中を車を運転して通ってくださったんですよ。本当にありがたいことです。そうそうできることではありません。

農場ではバイオダイナミック農法というシュタイナーが示した農法で野菜やハーブを作っています。土地が有機質に変わるのに最低三年間かかりますが、今年は四年目なので、もうそろそろバイオダイナミック農法でとれた野菜です、と言ってもいいかなと思っています。大地の力と宇宙の力、すべての力がぎゅっと込められている野菜やハーブはおいしいし、力になります。本当にいいものを食べているなと感じます。——それと『ひびきの村』には『えみりーの庭』という、手工芸品の通信販売をしている小さな仕事があります。『えみりーの庭』では天然素材でつくったものを売っています。身の回りに安心して置けるもの、子ども達が心から喜んで遊べるものを作っています。ぜいたくではなく、立派でもなくて、ただただ自然の恵みを使わせてもらっています。さ

っきこのみさんの話にもありましたが、命のあるものだけが、私達の命を生き生きさせます。命のないものは私達の命を奪ってしまいますね。今は残念ながら天然素材のものはとても高くて、たくさん買おうとするとお金がたくさんかかります。ですから、本当にいいものをほんの少しだけ持っていたいですね。——先日、税務署で申告をしようとしましたら、こんなに収入が少ないんなら、来年から来なくていいですよと言われました。（笑）『ひびきの村』は、今こんなふうにしています。

　今はスタッフが二十二人います。五〇代が三人です。最近若い人達がいっぱい来て、中心は三〇代と二〇代の人です。外国人が四人います。（二〇〇〇年四月現在）

　スタッフの中にはシュタイナー学校を卒業した人が三人います。彼らを見ていると、つくづくシュタイナーの教育を受けたかったなと思いますね。生き方が違う、考え方が違う、感じ方が違うんです、彼らが来てから、『ひびきの村』も変わりました。彼らは本質がわかるから迷わない、本質で生きようとするから建前《たてまえ》はない、彼らが言ったことは本当に彼らが感じていること、考えていること、していることなんです。ですから、彼らが言うことと、することを、ああかなこうかな、なんて憶測する必要はなくて、そのまま受け取ればいいんです。すばらしい生き方をしている人たちです。ありがたいですね。

　これまでは、スタッフ全員がボランティアで働いていました。将来、『ひびきの村』でしている仕事から収益が出て、スタッフの生活がそれで支えられたらいいな、と思っていました。ずっとその時が来るのを目指して頑張っていたんです。そして今月ようやくほんの少し、とにかく生活に必要なだけのお給金を出すことができました。本当に皆さんに助けていただいて、支えていいただいて心から感謝しています。ありがとうございました。

こんなふうにして、『ひびきの村』はこの春、（二〇〇〇年）大きなステップを踏み出しました。これからも、もっともっと皆さんに必要とされることができる場所になるでしょう。『ひびきの村』は日本の北の地にありますが、遠くに離れていても、今まで皆さんとご一緒に学んできましたし、これからも学べるでしょう。ご一緒に生きていけますものね。本当にそうですよね。私は強くそう感じています。ですから、こうしてお会いしても、初めてお会いしたというふうには感じません。もちろん、この中には何回かお会いしている方もいますが…。本当に初めてとは感じないんですよ。きっと前世でもご一緒に励んだのでしょうね。とても強いご縁を感じますもの。みなさんの体が『ひびきの村』に行くことがなくても、同じ志を持っていたら、共に生きられます。何か困ったことがあったり、大変なことがあったら、『ひびきの村』に皆さんの響きを送ってください。私達のことを思い出してください。それは必ず、『ひびきの村』に伝わってきます。そして『ひびきの村』から皆さんに力を送ります。そうなれるように努力して、必ずそうなります。ですから。これからも『ひびきの村』と皆さんとはずっと一緒ですから。『ひびきの村』についてお聞きになりたいことがありましたら、また、終わったあとにでもどうぞ聞いてください。時間がなくなるといけないので、幼稚園の話をしましょう」

ライゲンとおやつと外遊び、そして最後のお話について…

小野里先生「はい。休憩の前に、内遊びのところまで進んでいましたので、その次にするライゲンとおやつと外遊び、そして最後のお話という、四つのことをお話しさせていただいて、その後また皆さんの御質問やお話などを伺《うかが》うことにいたします。

ライゲンなんですが、なかなかいい日本語訳がないんです。お遊戯でもないし、踊りでもないし。というのは、歌を歌い、そして体を動かします。けれども、ただ形を動いているだけではなくて、さっきも言いましたように、『ひびき感じることをとても大切にして動きます。日本語でしっくりくる言葉が見つからないので、ドイツのシュタイナー幼稚園で使っている『ライゲン』という言葉を使っています。

ライゲンは大体三週間から四週間、毎日同じものを続けます。子ども達の中に歌や言葉や動きのリズムや季節感などが時間をかけてゆっくり入っていきます。ライゲンには季節を表わすものと、お祭り、クリスマスや節分といったものを題材にしたものがあります。クリスマスにはマリア様、ヨセフ様、羊や羊飼《か》いがいて、イエス様がお生まれになるまでのお話を歌や動きで表します。『冬のライゲン』には冬の王様がいて、そこに『氷のジャック』が出てきます。冬の王様の命令で『氷のジャック』はあちらこちらを全部凍《こお》らせてしまいます。今日皆さんとした『こびとのライゲン』は、特に季節はありませんが、幼稚園に入ったばかりの子どもが親しみやすいライゲンなので、そういう時にしています。

季節のライゲンもお祭りのライゲンも、その時期の自然界の様子やお祭りの持つ意味を言葉ではなく、歌や動きやリズムによって、より深く体験します。子どもにとって世界のすべてのことは驚き、喜びなんですね。雪も子どもにとっては楽しみです。雪だるまや雪あそびができる、冷たいけれど手にのせるとすぐ溶ける、硬く凍《こお》る、ピカピカ光る、窓ガラスに当たる音がボッボツ、バサバサ聞こえる、すべてが楽しみなんです。雨が降っても子ども達は雨の音が好きだし、ピチャピチャ音をたてながら外を歩くのが好きだし、世界のすべてが驚きです。それをリズムや音や動きで表現することで、体験を深めるのがライゲンです。そういうライゲンを毎日することで、子ども達はますます世界を喜びと感じ、世界から愛されていると感じます。次の年にも同じライゲンをするんですけれども、また同じライゲンが出来ることを喜びます。繰《く》り返しというのは子どもにとって嫌なことではなく、かえってうれしいこと、安心することだということを子どもの顔を見ていて思います。

さて、ライゲンが終わった後に、手を洗ってみんなで『いただきます』をします。そのときに、『食べ物をいただくということを大切にしようね』と言葉で言うのではなくて、『♪太陽と雨と』という歌を歌い、祈る。いただくという行為の中に――私は今、農業をやっているので特に思うんですけれども、カボチャひとつ育てるのに六か月かかるんですよ、北海道では。日に当たり雨に当たり、風に吹かれて育っていく。そのように育った物、生き物の生命を頂《いただ》くことで人間は生かされている。そういう思いを持って歌を歌って祈って、『いただきます』をみんなで言います。

頂いている時にはおしゃべりをしながら、楽しく頂きます。『こどもの園』では曜日毎《ごと》に決まったおやつを作ります。月曜日は玄米おかゆ、火曜日は野菜スープです。その日の内遊びをしている間に、先生が野菜をきざむのですが、お手伝いが大好きな子どもは毎回、野菜切りを手伝います。気が向いた時だけ手伝う子どももいますし、今日の野菜は何かを確かめるためにそばに寄って来る子どももいます。それも本当に自由に、役目だからやってちょうだいということは全くないです。なるべくみんなが体験できるようにしています。幼稚園に入って間もない子どもは、包丁《ほうちょう》を、見るも恐ろしい持ち方をして…本当に怖いんですけれども、そばについていて体験させます。切りやすくしてから渡したり、切りやすい野菜を選んであげたり、小さな子ども用ナイフを使うなど気をつけますが…どの子どもも馴《な》れて上手になっていきます。水曜日は発酵《はっこう》させたヨーグルト、木曜日は小麦粉を使ったおやつで、パンケーキやスパゲッティーなどを作ります。木曜日には天然酵母《こうぼ》のパン種をみんなでこねて、金曜日はそれを焼いて食べてます。毎週その流れで幼稚園は回っています。おやつも出来るだけその場でつくって、先生が調理している姿を見られるように、そして子どもも一緒に経験できるようにしています。

食事をするにも、その日によって早い子がいたり遅い子がいるので、全員が食べ終わるまで待ちません。最後まで待っていると、早く終わった子は落ち着かなくなりますから、ほどほどのところで『ごちそうさま』の歌を歌って、ゆっくり食べたい子は食べて、そのほかの子は外に遊びに行きます。

園庭には今のところ、そんなに大きな遊具はないんです。あるのは、子ども用の小さなシャベル、バケツ、鍋《なべ》ぐらいです。子ども達は鍋に水を入れて、土を入れて手でぐちゃぐちゃ混ぜて料理をしたり、川をつくって遊びます。また、園庭の土をざるで振るったものが子ども達にはすごく特別な土なんだそうです。それを混ぜるとまたもっと特別なものになるらしくて、それをこねて、また土を入れて、灰を入れて、最高級にすばらしいものになった土を団子にして先生に持ってきてくれるんです。そのほかにも石を並べて箱庭をつくったり、迷路を作ってと、そういうことを毎日して泥《どろ》んこになっていますね。

教師は子どもが心から楽しく遊べるように、環境を整える存在でありたい。

内遊びの時も外遊びの時もそうなんですけれども、教師は子ども達と一緒に遊ぶのではなく、手仕事をしています。というのは、子どもには子どもの世界があり、大人とは全く違う存在なので、大人は子どもを守る存在としてそばにいます。大人の仕事は、幼稚園で使う積み木を切ったり、磨《みが》いたり、花壇に花の植え付けをしたり、畑の世話をしたり、人形を作ったり、おやつを作る、といった仕事をしています。教師は子どもが心から楽しく遊べるように環境を整える存在であろうとしています。

外遊びが終わった後は手を洗い、部屋に戻ります。内遊びの最後にお片づけをしてありますから、部屋の中はきれいになっています。美しく整えられているネーチャーコーナーの前に静かに座ります。これも毎日のことですから、子ども達は自然に座ります。そういう流れが子ども達の身体の中に出来ているんですね。突然やっても、なかなかできないことだと思うんですが、毎日そうしていますから、少し寄り道することがあっても歌を歌って促《うなが》すと集まります。そして、最後に先生のお話を聞きます。二〜三週間続けて同じお話をします。

先ほど、いろいろな話をしないと飽《あ》きるのではないかという質問があったんですけれども、全然そんなことはありません。ライゲンの時もそうですし、お話もそうですし、毎日それをすること、見ること、聞くことで本当に子ども達の心が落ちつくんでしょうね。そういうことを体験して、身になっているなと感じます。そう感じるのは、家に帰ってからのお子さんの様子をお母さんから

聞くことがあるからなんですよ。その時しているライゲンの歌をお母さんのスカーフを被《かぶ》りながらずっと歌っていますよ、とか、朝起きて屋根からつららが下《さ》がっているのを見て、『氷のジャック』が来たんだ！　と声を弾《はず》ませて教えてくれたんです、とか、また、お人形さんや弟を相手に、（歌）『おはよう太陽さん』を歌って、木の棒《ぼう》をろうそくに見たてて、細い木をマッチにして火をつけるしぐさをしているという話を聞きます。

お話の終わりには『天使さま』という歌を歌い、お祈りの言葉を言います。『私の頭も私の足も神様の姿です。私の心にも両手にも神様の働きを感じます。私が口を開いて話す時、私は神様の意志に従います。お父様やお母様、好きな人達みんなの中に、動物や草花、木や石の中にも私は神様を見ます。だから怖いものはありません。私の周りには愛だけがあるのです』

みなさんが帰られる時に、歌と言葉を印刷したものをお渡ししますので、ぜひ読んでみてください。

そして最後に、今日はしませんでしたけれども、子どもを一人ひとり抱いて、お話をして、さようならを言います。最初は照れる子どももいるんですね。恥ずかしいからいいよって感じで、身体をこわばらせているんです。けれども絶対逃げて行かないで、順番を待っています。子どもは本当にうれしいみたいですね。お母さんにも抱いてもらったら、本当にうれしいんです。先生に抱いてもらって、さよならを言うと満足して、それからお母さんが迎えに来てくれたことが嬉しくて、お母さんのところにとんでゆきます。『おかあさん！』って。

以上が午前中の説明です。御質問がありましたらどうぞ」

大村先生「いろいろなところで手を挙《あ》げていらっしゃいますが、では、端《はじ》の方から——こちらの方は休み時間にお聞きになっていたことの続きをお話する約束でしたね」

参加者「でも、自分なりに考えてみます」

大村先生「いいんですか。そうですか。では、こちらからですね。順番を決めて。あと三五分です。同じようなご質問でしたら、答えからヒントを掴《つか》んで、ご自分で考えてくださいね。では、こちらからどうぞ」

参加者「きょう参加させていただいて、床に座るということがとても多かったんですけれども、私は世田谷の保育士なんですけれども、私立なんですが、やはり椅子を使った生活で、シュタイナーの幼稚園はどうなのかなとまず最初にすごく思ったんですね。おやつをいただく時も座っていましたよね。私達の指導というか、指導という言葉に置きかえてしまうと、お食事の時の座り方から始まってお茶碗の持ち方とか、お箸《はし》の持ち方とか、食べた後の始末とか、すごく生活面のしつけ的なことを常に毎日繰り返してお話しししているんですけれども、そういうのはどういうふうにお話しされているのかなと思って、伺《うかが》いたかったんです」

小野里先生「椅子は使っています、『こどもの園』では。最初のころはありませんでしたので、床に座っていましたが、今は椅子を使っています。

椅子の使い方ですが、落ちつきにくい子どもは椅子に座った方がいいですね。そういう子どもには、これが自分の場所だ、と分かるようにしてあげたらいいと思います。いろいろな考え方がありますが…。それから、食事のしつけなどは、言葉では言わないですね。私が食べるときに、テーブルに向かってまっすぐに座り、いただきますを言います。『きちんとしなさい』とも言わないけれども、私自身がそういうふうにありたいと考えて、そうしていたら、子どもはそういうふうになっていくだろうと考えています。お片付けも食べ終わった後に、やはりそばにいる大人のあり方で子どもは変わっていくと思うので、基本的には大人がすることで子どもに伝わっていけばいいと考えています。どうでしょうか」

子どもには教えることはできない。見て覚えて、体で受取るんです。

大村先生「さっきから何度も繰り返し言っていますが、子どもには教えることはできないんですね。見て覚えてもらうしかありません。シュタイナー教育に学ぶ通信講座の第2期目の第1号に書きましたが、〇歳から七歳くらいまでの子どもはひたすら体が成長していますでしょう。すべてのことを体で受け取るんですね。頭で理解するんじゃないんです。こうこうだからこうするのよ、というのは思考ですよね。言葉で教えても、本当はわからないはずなんですよ。わかったように見えていても、『してはいけません』と言ったことを何回も繰り返しますでしょう。言われてもわからないから、同じことを繰り返すんですよね」

参加者「園としてそういう扱いなんでしょうけれども、私もそれがいいのかどうなのか、わからないままやってしまっているんです。ちょうど三歳の時期の担任なので、いろいろなことをしつけの面で、お茶碗をこう持たせたりとか、こういう持ち方をする子が多いんですけれども、それを持たせ直したりとか、お箸《はし》はこうだとか、もちろん手は貸すんですけれども、それをいつも言っているということがどうなんだろうと思って。言葉ですよね、発しているのは。まず言葉と、手は添《そ》えたりしているんですけれども、個人的に一人ひとりを見てこうやっているんですけれども、それは親からも求められてきているものもすごくあるし、園の体質もあるので、半信半疑というのか、そういうものはどのようにしていったらいいのかと思っています」

大村先生「でも、あなたがやめさせたいと思っても、やめないでしょう。言ってやめますか」

参加者「そうですよね。それはそうですね。ただ、シュタイナー幼稚園ではそういうことはしないということですよね」

大村先生「そうですね。しませんね。こうしなさい、ああしなさい、こうしてはいけません、というように、言葉だけで分らせようとはしません」

参加者「ありがとうございました」

小野里先生「あまりにも、ごちゃごちゃしている時は言いますけれども」

大村先生「言うのは、子どもがぐにゃぐにゃした姿勢で食べている時に、体がまがっているときっと御飯がまっすぐ入っていかないよ、というようなことは言います。——落ちていかないでここら辺で止まってしまうよ、下に行きたいと言っているよとか、果物さんは先におなかに行ってしまっているから、パンさんも早く果物さんとおなかの中で一緒に遊びたいと言っているよとか、そういうふうには言います。『果物を食べなさい、野菜を食べないと丈夫にならないわよ』というようには言いませんね」

小野里先生「よろしいでしょうか」

参加者「はい」

ものの取り合いとか、けんか、泣いた時、大人としてのあり方は?

参加者「シュタイナー幼稚園にはあまりなさそうな気もするんですけれども、ものの取り合いとか、けんかになったり、つかみ合いとか、泣いたりとか、そういう時の大人としてのあり方というか、それはどういうふうに」

小野里先生「その時その時によって違いますが、まず取り合いになっている時には歌を歌って、どっちがどっち、はいこっち、と歌って、『こっちに行きたいんだって』と私が判断をつけています。叩《たた》かれて泣いている子どもがいたら、まず泣いている子どもを抱いてなでてあげて、でも叩いた子どももそれなりに理由があって、心の痛みがあって叩いているんですよね。だから、その子も抱きかかえてあげると、回りで心配していた子ども達もふたりをなでてあげています。叩《たた》かれた子どもが叩いた子どもにおもちゃを貸さなかったのが原因ということがよくあるんですよ。でもそのようにしているうちに叩かれた子どもが『これ貸してあげる』と言って解決することが多いです。

気配があるんですね、取り合いになりそうな気配が。そんな時は、私がそこにふーっと入って行って不穏《ふおん》な空気を取り除きます。私自身が一〇〇%肯定的な気持ちをもって話し掛けたり、窓を開けて部屋の空気を入れ替えたり、室温を下げる、カーテンを引いて部屋を少し暗くする、などということもします。子どもは大人と違って、本来は物事に執着しない、変わりやすい感情をもっているので、そのことをわかってやっています。よろしいですか」

参加者「けんかをして、それぞれ泣いている子とそうではない子と両方抱っこしてあげて、その後に仲直りみたいなことをさせるということは」

小野里先生「先ほど話したようにしていると、子ども達は私がしたことを真似て、泣いている子どもがいると抱き寄せてなでてあげていますよ。決して『誰がやったの！　誰々ちゃんが悪いでしょ！』とは言いません。どちらが悪いと判定するのではなく、ただただ悲しい思いを共有して両方に寄りそってなでてます。そうすると、ケンカしていた子どもの堅くなっていた心が緩《ゆる》んでいって、絶対貸さないと言って持っていたおもちゃを相手の子どもに渡したり、相手の子どもをなでたりして、仲直りします。いつもそんな様子ですので、教師がしない時でも、けんかした子ども達のところに他の子ども達が集まって、なでてあげたり、お話しをしてあげています。いつも大人がやっていることを真似るんですね」

参加者「あと、年齢などもあると思うんですけれども、大人のかかわり方というのも、一歳そこそこで近づいてものを取ってしまった場合と、三歳で取り合いになってしまった場合とで、感情とかはやはり変わっていますよね。見ながら、ちょっと離れて子どもを見守るという感じでいいのでしょうか」

小野里先生「一歳だったら、どうしようもないですね。自分がほしかったらほしいんだし、それはその子どもの発達段階で大人がすべて判断してあげることが必要ですね。三歳は自分と相手、やっと二人称の人間関係がわかってくるころですから、そういう子どもの意識を把握して、大人がそばにいて世界とどう関わっていくかを示してあげたらよいでしょうね。例えば相手の持っているおもちゃが欲しくなったら、お母さんがその子に代わって相手の子どもにそのおもちゃを貸してくれるように頼んだり、または、そのおもちゃはあの子が今遊んでいるから、（別の）このおもちゃで遊びましょうと気持ちを変えてあげる、というようにです。そのようにしているうちに、だんだんと自分で聞けるようになっていきます」

参加者「あと、三人とか四人でいた時に、仲間はずれされるような雰囲気になってきた時も、やはり同じようにに…」

小野里先生「ひとりで遊びたい子はひとりで遊んでいたらいいと思うんですよ。別にいつも友達と一緒に遊んでいる必要はないと思うので、その子がそれで満足していればそのままにしています。でも寂しそうでしたら」

参加者「入りたいけれども」

別の参加者「だめって言われたり、あっちに行ってみたいな感じで言われたり」

小野里先生「それは、やはりそのままにしてはいけませんね。その子どもの悲しみを伝えて、仲間に入れてあげてと言うこともあります。五、六歳の子がままごと遊びなどしていると、三歳の子どもは一緒に遊んで欲しくて入るのですが、三歳の子どもはまだルールが分らなくて並べてあるお皿を手当たり次第にさわってめちゃくちゃにして、大きな子ども達に叱られることがあります。そういう時は、三歳の子どもと一緒にそこに入って、その子どもが大きい子ども達と一緒に遊べる関わり方を見つけてあげます。私達（三歳の子どもと先生）はお客さんでお家の人（五、六歳の子ども達）がお料理を作ってくれるまで、待っていましょうね、と。そうすると正座してお皿が出されるまで待っていますし、五、六歳の子ども達もはり切ってステキなお料理を作ってくれます。でも、仲間はずれにすることが多い場合は、物語で伝えます」

「えみりーの庭」と「リムナタラ農場」の製品。

参加者「それぞれに」

小野里先生「それぞれにではなくて、お話を聞く時間というのが『こどもの園』には帰る前にありまして、そこでみんなにお話しします。いつものメルヘンとは違う教育的なお話ですが、ファンタジーのあるお話にして伝えます。ケンカや問題があった時ももちろん応急措置《そち》として、その時にできること——短いお話などはするんですけれども、子ども達みんなの問題としてある時には、そういうことをテーマにしたお話を、お話の時間にしますね。よろしいですか。では、こちらの方」

参加者「一歳になったばかりなんですけれども、靴などを投げるので、靴が痛いと言ってみたものの、何回言っても、そういうことを言うと余計に投げるんですね。六回ぐらい、僕、痛いと言っているよ、と繰り返した後、もう投げないでと言っているでしょうと言うと、本気になったなこいつ、とわかるみたいで通じます。それの繰り返しで、だからぬいぐるみが痛いと言っているよ、と言っても全く効果がない、私がばかにされているみたいな印象を受けて、どうしたらいいかわからないんですけれども…」

別の参加者「私は何回も言っていないんですけれども、最初のときに何回か言ってみて、全然効き目がないというのがわかったので。でも、そういうことを書いてある本などをいろいろ読んだり、そういう話を人から聞いて、やり方が違うのか何なのか、どうしていいかわからないんです」

わかってもらいたいことをお話で伝えるペタゴジカル・ストーリーは効きますね。

大村先生「ペタゴジカル・ストーリーってありますでしょう。通信講座のブックレットに毎号ありますね。子どもに伝えたいことをお話で伝えるという。効くとか効かないと言う言い方はおかしいのですが、本当に力があるんですよ。どんな子にも。ですから、想像力を働かせて、本当にあなたが靴が痛いと思っていると感じたら、子どもも感じます」

参加者「感じていないですものね」

大村先生「そうですねえ。本当にあなたが靴の痛みを感じて、こんなふうに投げられてかわいそうね、靴は…とあなたが心から思ったら、通じると思うんですよ。ですから本当に靴の身になってみて、あなたが靴の痛みを感じたら、きっとお話が出てくると思いますよ。お話は落ち着いて、ゆっくりした時間にします。いけないことをしたその時には、やめましょうということをはっきり、しっかり、絶対にやめてもらいたい、という気で言います。そうしたらきっと通じるでしょう」

参加者「それはもう即座に通じます」

大村先生「大きな声で言わなくても通じますね。でも、それはその場だけですからね。ですから、子どもがそれはよくないことだからやめようと思うのは、やはりお話を聞いて、それを心で感じるからなんですね。ですから、是非お話をしてあげたらいいと思います。

この前、九州の大分に講演に行った時、会を主催してくださった保母さんが、こんなことを話してくださいました。保育園の子ども達が叩《たた》き合いをしたり、けり合ったり、物を投げてこわすので、ほとほと困ってしまったそうです。それで通信講座第1期4号『Q&A』の中のペタゴジカル・ストーリー『たんこぶができる天使の話』——覚えていらっしゃいますか——その話をしたんですって。そうしたら、その子ども達が、『わかったわかった、もうわかったから…』と言ったそうですよ。それからは、本当に叩《たた》かなくなったとおっしゃっていました。もうひとりの方は、幼稚園の保母さんです。子ども達にその話をしたら、しーんと静まって、その後子ども達が拍手したんですって。二〇年も保母をしているけれども、お話をして子ども達に拍手をされたのは初めてだとおっしゃっていました。子どもは心に深く感じると、してはいけないことを止められますし、しなければならないことができます——つまり、心に感じたことを行為であらわすことができるんですね。ですから是非、話してあげてください」

参加者「食事のことですけれども、御飯とおかずがあって、おかずだけを食べてしまうので、しょうがないので、おかずを一個ずつ乗せて、御飯を食べたらおかず、御飯を食べたらおかずと食べさせたら、動物の調教みたいになって、(笑) それもやはり何か」

大村先生「そうですね。ちょっと考えたらお話が出てくると思うんですけど…。頑張ってください。御飯とおかずの気持ちになって。（笑）子どもさんの前にあるお皿にのったおかずと、お茶わんに入った御飯の気持ちって、どんな気持ちかしらって」

参加者「どうしても怒鳴《どな》ってしまうんですね。じゃあ食べなくていいとか言って」

大村先生「わかります。今、『ひびきの村』でも、小学校三年生の子どもが、おかずと御飯が二段になっているお弁当箱を持ってくるんですが、その子はおかずだけを先に食べてしまって、それから御飯を食べるんです。私、お母さんにおかずと御飯が一緒のお弁当箱に入れてくださいってお願いしました。やはり口で言うだけではなくて、工夫することも必要かなと思いました」

参加者「混ぜちゃうとか」

大村先生「そうですね、混ぜ御飯がいいかもしれませんね」（笑）

参加者「混ぜてしまう時があるんですよ、お弁当なんかだと。そうすると、全部食べるので」

大村先生「それもいいかもしれませんが、是非御飯とおかずの気持ちになって、お話をつくってあげてください」

参加者「子ども達が遊んでいる時に、先生は先生としてお仕事をしていて、一緒に遊ばないと聞いたんですけれ

ども、子どもが、先生一緒に遊ぼうよ、今、大事なことをやっているから入ってよ、みたいな時はどうなさいますか」

小野里先生「もちろん、入ります」

参加者「その仕事が手が離せない時なんかは？」

小野里先生「仕事はしていますが、それに没頭するのではなく、いつも子どもに意識を向けていますから」

参加者「では、一緒に遊ぶことをしないというわけではなくて」

小野里先生「そうです」

参加者「でも、どうしても手が離せない時は」（笑）

小野里先生「その時は、ちゃんとその子どもの顔を見て、この仕事がここまで終わったら行くのでいいかしら、と聞きます。するとほとんど、いやみんなかな？『いいよ』と言ってくれます。こちらが子どもに向かってちゃんと話せば、無理なことは言いませんね。でも行こうかしら、でもちょっと…、と私自身が迷っていてはっきりと決められないと、子ども動揺します。そうなると子どもも『来てよ～』と私の踏ん切りがつくまで言っていますね。でも大人が一生懸命に働いている時ほど、子ども達は自分の遊びを一生懸命にしているようです。もしお母さんが手が離せない時、何かを頼みに来たら、『今はこれをしていて手が離せないから、ここまで終わってからするね』と、ちゃんと顔を見て言ってあげたら、子どもは必ず納得してくれると思いますよ。待っていてくれます。私がどうして、子どもと一緒に遊ばないかというと、子どもだけのファンタジーの世界を壊したくないからです。子どもの世界を大切に見守ってあげるのが私達大人の役目ですから」

参加者「見ていれば、私が忙しいことはわかるんじゃないかと思ってしまうんです。だから、わからないのとか、手がふさがっているのがわからないのとか」

大村先生「子どもはわからないでしょうね。だって、大人だってわからない人がいますでしょう、こんなに忙しいのにどうして？　って思うことありますもの。子どもがわかるわけないですよ。もしわかったら、成長し過ぎだと思いますよ」

小野里先生「子どもが何かを言いに来た時、そこでいったん手を止めて、きちんと相手をしてあげてほしいと思います、本当に」

参加者「手に荷物を持つと抱っこできないにしても」

大村先生「荷物をおろせたら一度おろして、抱っこしてあげてください。一瞬でも抱っこして！　とにかく私達が一瞬でもその子に本気で向き合ったら、本当にすーっと分りますよ、子どもは」

小野里先生「本当にちゃんと向き合ったら、それでもう」

大村先生「でも、いますよね、それでも分らない子が。満足しないで、いつまでもぴーぴー言っている子が。いっぱいいっぱい求めているんでしょうね」

シュタイナー幼稚園の卒園児は人の話をよく聞ける子になる…

参加者「今までのお話を聞いて、子どもの成長を大事に生きているのは楽しそうだなと思ったんですけれども、私達は毎日なものですから…。そういう幼稚園では、卒園児というのはどういうふうになっていったのか、具体的なエピソードがありましたら」

大村先生「実は、このみちゃんが幼稚園の教師をしていたときに教えていたコウスケ君が今、三年生になって、私達の学校にいます。その子がシュタイナー幼稚園を卒業した時にはシュタイナー学校がありませんでしたので、公立の学校に行っていました。入学してからずーっと病気ばかりしていたそうです。とにかくよく熱を出して…　とお母さんはとっても困っていました。そしてシュタイナー学校ができるのをとても楽しみにしていたんです。それで、『いずみの学校』が始まったのですぐ来たんですよ。今、コウスケ君はとっても元気で、熱なんて一回も出しません。全然休まないんですよ。御飯とおかずを別々に食べてしまう子なんですけれども。（笑）

とっても元気です。
　また、これはシュタイナー幼稚園に通っていた子ども達全部に言えると思いますが… よく聞きますね、人の話を。そしてお話を聞くことがとても好きですね。幼稚園で毎日毎日お話を聞いていたからでしょうね。ですから、コウスケ君はお話を聞くのが好きで人の話をよく聞ける子になったんでしょう。それから、ものをつくるのが好きでね。絵をいっぱい描きますね。遊びもいろいろ工夫します」

小野里先生「それから、よく見ていますね」

大村先生「そうですね。つくられたおもちゃでは遊びませんね。そういうものを欲しがらないです。だいたい、私達の学校には何もありませんから、木に登ったり、川に入ったり、野原をかけまわったり」

小野里先生「見て学ぶということを知っていますね」

大村先生「大体、大人物になっている——大人物というのがどういう人物のことかわからないですけれども(笑)私はコウスケ君を大人物だと感じるんですよ」

小野里先生「私が『こどもの園』でみた子は、まだ三年生以下なんですね。私がその子ども達を見ている範囲では、命の根っこが太くなったなと思います。これは、ある卒園児のお母さんが言った言葉なんですが。それがどういう人物になったというところまではまだ」

大村先生「シュタイナー幼稚園の子ども達はたくさんお話を聞いて、思う存分体を動かして、心のままに空想の世界の中で遊んで… そうして自由自在に過すことができる、そのための意志の力と体が育てられます。その上で、感情と思考が発達してきますね。そうして、本当に心に感じたことを行為にあらわすことができる、思考したことを行為にあらわすことができるようになります。幼稚園だけの子どもを見ているだけでは、先を見通すことはむずかしいかもしれませんが、十二年生までの子ども達や、シュタイナー学校を卒業した子どもを見ていますと、心で感じて、感じたことを自分の頭で思考して、そして感じ、思考したことを自分の手足を使って行為にできる人に育っていることが分かりますね。

どうしてもこれだけはということを質問してくださいますか。そうしないと、今日中に帰れそうもないですね」（笑）

参加者「自主保育をしているんですけれども、始まりの時間が十時半という遅い時間に始まっていて、そうするとやはり十時半まではおうちでひとり遊びをして、十時半ころにやってきても、友達と会うとわーと楽しくなって走り回ったりとか、外遊びをパスしてしまって、外遊びをするチャンスを逸《のが》してしまうというか、なかなか流れがうまくいかなくて、困っているんですが。

あと、母親が保育をしているので、子ども達が甘えてしまうというか、例えばお祈りの時間とか歌を歌う時間、ふざけてやらないというか、慣れっこになってしまって、なかなか自主保育の難しさを実感しているんですけれども、何かアドバイスを」

小野里先生「十時半ぐらいだったら、もう外遊びの時間になってもいいかと思います。ただ、始まりの時は、始まりの集いを持ったらいいと思います」

参加者「集まりはやっているんですけれども、そのあと、お散歩に行って、あとは紙芝居をして」

小野里先生「毎日ですか、それは」

参加者「月水金です」

小野里先生「もう少し詳しく伺《うかが》えたら、お答えできると思いますので、後ほど廊下で」

そんなに心配しなくて大丈夫。子どもはあなたを選んで来たのだから。

大村先生「最後に一言いいですか。そんなに心配しなくても大丈夫ですよ。さっきもお話ししようかなと思ったんですが、落ち込んだ時とか腹が立った時とか悲しい時とか、生きていたら毎日いろいろあるでしょう。でも、皆さんの子どもさんは皆さんを親として選んできて、そして運命を共にしようと思ったんですよ。私達だって子どもが苦しんだり悲しんだりしたら、子どもと一緒に苦しもう、悲しもう、どんな時にも一緒にいてあげようと思うでしょう。子どもだってそうなんですよ。小さな命

会場の中央に飾られた、季節のテーブル。

ですけれど、あの子たちは精神と心を持っていて、お母さんやお父さんが苦しんだり悲しんだりしたら、それを家族の一員として担《にな》っていこうと決めているんですよ。

ですから大丈夫、そんなに心配しなくても……。この子は私を選んで来てくれたんだから、一緒に生きていこう、一緒に幸せに生きていこう、と思ったら、絶対大丈夫。たくさんたくさん愛してあげてください。今日はありがとうございました」（拍手）

第2日目

小学校の模擬授業《スクーリング》

●午前の部

●午後の部

メインレッスン「地理」

——講師／大村祐子

子どもの頃に戻ったよう。どの顔もイキイキ…
小学校時代に、こんな授業を受けたかった！

メインレッスンの「黒板画」。

10時〜11時30分　小学校スクーリング
(四月三〇日　午前の部 -①)
10時〜　挨拶、スタッフ紹介

10時10分〜

　スクーリング会場に参加者が入り、入口で大村先生と一人ひとり握手をしながら、挨拶をしていく。

大村先生「〜さん、(名前を言う)おはようございます」

参加者「おはようございます」

大村先生と、握手で始まる一日。

参加者は、席に着く。

　全員と挨拶をした後、大村先生は、黒板の横に立ってお話を始める。

左右、前後同士の自己紹介…
こんな時にも気質が分かる…

大村先生「私が知っている限りでは、シュタイナー学校の先生は、遅れて来た子どもの方へ近寄って握手をしてあいさつをします。『遅れて来ても大丈夫、安心して!』という気持ちを込めて…。だって遅れて来た子どもは、『困ったな』『イヤだなあ』『叱《しか》られるかな』って心配しているでしょう」(大村先生は笑顔で遅れて入って来た方と握手をしている)

大村先生「さて、ようこそお出でくださいました。せっかくご縁があって今日一日ご一緒に過ごすのですから、皆さん、仲良くしましょうね。できるだけたくさんの方とお知り合いになってください。座ったまま、周りの方と握手をして名前を聞いてください。勿論《もちろん》、ご自分の名前も言ってくださいね。何人と握手をしたか覚えておいてください。立っちゃダメですよ。座ったままでです」

左右前後同士、参加者が席を立たないまま自己紹介をし合い、「よろしくお願いします」と皆で言い合う。握手をして、笑い合う。とたんに教室が和《なご》やかになる。

大村先生「えーと、ひとりと握手をした方は何人いらっしゃいますか？ ふたり、三人、四人、五人、六人、七人、八人、九人、一〇人、一〇人と握手した方いらっしゃいます？ 一一人？ おー。（驚きの声）一二人？ おー、すごい。一三人？ 一四人？ 背が高い方は、手が長いのかしら？（笑）… 一五人、一六人、一七人？」（一四人の人と握手をした人が、最高だったのでみんなで拍手。パチパチパチ）

大村先生（立って、歩いて握手をしに行こうとした人に、微笑みかけて）「気が付きました？ えーとね、かなこさんは、思わず立ってあいさつに行こうとなさったのね。それで、『あ、そうだ！ 立っちゃいけなかったんだ』って思い出したんですね。では、あいさつをした時、名前を言い合って、『よろしくお願いします』って言う以外に、何かお話しした人います？ それ以外は何にも話しませんでした？ 話しましたね。何を話しました？」

参加者（いろいろな声があがる）

大村先生「いっぱい、いっぱい、お話しされていたようですね。もう、隣の方の人生は半分ぐらいは分かってしまったんじゃないですか。（笑）そう、こんな時にも気質があらわれますねえ。皆さんは大人ですからね、言われたことを思い出して、… そうだ、立っちゃいけなかったんだ… って座り直しましたけれど、学校でしたらねえ、もう、三分の一ぐらいの子がうろうろ、うろうろしますね。あっち行ったり、こっち行ったりする子がいます。それからじーっと、自分の席に座ったまま、誰かがあいさつしてくれるのを待っている子もいます。『みんなちゃんとやっているかな、どうかな』、ってね、自分は動かないでみんなを見回している、そういう子もいますね。『困ったなあ、こんなことしたくないのに…』って、腕組みしている子もいます。今お話した子ども達が、どういう気質だかお分かりになりますか？ ご自分がどういうふうにしたか、お隣の方はどうだったか、考えて、後でどんな気質かあてっこしましょうね。（笑）かなこさん、あなたはご自分の気質を分かっていらっしゃいますね？（笑）いいですか、今日は一日中、ご自分の

大村先生「おはようございます」

参加者「おはようございます」

大村先生「朝の詩を唱《とな》えましょう。皆さん、ブックレットに書いた詩を（通信講座第1期、第3号）覚えていらっしゃいますか。覚えていらっしゃる方は声を出して言ってください。もし、覚えていらっしゃらなければ、黒板に書いておきましたので、それを見ながら唱えてください。見えるところに動いてくださいね。皆さん見えますか？ では、始めます」

（参加者全員）

「わたしが世界を見るとき
太陽が輝き　星がきらめきます
世界には　鉱物があり
植物がいきいきと成長し
動物が世界を感じながら　生きています
世界中で　人間だけが心を持ち
その心の中には　精神が具えられています
わたしが星を見るとき

ことも、周りの方達のことも注意深く見て、聞いていてくださいね。

こんなふうに、毎朝授業を始める前に、わたしは子ども達と楽しい話をします。でもね、すぐすっと授業に入る時もあるんですよ。子ども達の様子を見て、その時どきで決めます。今朝は、皆さんの様子を見て、こういうふうにしました。…それでは、立ってください」

参加者全員（席から立つ）

大村先生「椅子の後ろに立ってください。あのー、先生はね、本当は『ああしなさい』『こうしなさい』って、言いません。子ども達は先生を見ていて、先生のするとおりにします。皆さんも今日一日なるべくそうしてください。これからは私は言わないようにしますから…。あのー、鼻をかんだり、くしゃみをするのはいいんです」

（笑）

朝の詩を唱えましょう。
心の中に絵が浮かびましたか？

10時25分

その星は　わたしの中で生きます
神さまの精神が
太陽の光の中で
世界のいたるところで
そして　わたしの心の深みで働いています
神さま
わたしはあなたに祈ります
わたしが学び　働くとき
力と恵みとが
わたしの中で育ちますように」

大村先生「このスクーリングのやり方をいろいろ考えてきました。説明や注釈を入れずに、今日一日、子ども達と全く同じように授業を受けていただこうかな、とも考えました。でも、皆さんの様子を見ていて、やっぱりその時どきに必要なことをお話ししたほうがいいかな、と今思っています。皆さん、とっても聞きたい、知りたい、っていう顔しているんですもの！（笑）そうですよねえ、こんな機会はめったにありませんものねえ。北海道からも、仙台からも、沖縄からもいらしてくださっているんですものねえ。お聞きになりたいことがあったら、なんでも聞いてくださいね。

今、詩を唱えている時、皆さん、音のひびきを聞いていましたか？　音が聞こえましたか？　何かイメージが浮かびましたか？　心の中に絵が浮かびましたか？」

参加者（大部分の人がうなずく）

大村先生「あのね、言葉は今とても抽象的になってしまいましたが、言葉っていうのは、本当はすごい力を持っているものなんです。言葉の何が力を持っているかというとね、言葉の〝おん〟なんですよ。通信講座のブックレットにも書いたことがありますが（第1期第3号）シュタイナーは言葉についてこう言っています。『かつて、言葉は音であり、太陽であり光であり、熱であった』と言っています。

言葉が本来持っている〝おん〟を、私達が聞くことができたら、私達はもっともっと心を通わせたり、もっともっと分かりあうことができるんじゃないかなと、私は思っています。文字で書かれているものを黙読するのと、それを声に出して読むのとでは、受け取るものが違いますね。体験なさったことがなければ、今日家にお帰りになってから、是非、実験してみてください。
　さて、一日の始まりですから、この詩の響きを聞きましょう。その響きが聞こえたらなぜ、子ども達がこの詩を朝唱えるのか、きっとお分かりになりますよ。しっかりと口を開けて、はっきりと、一つひとつの言葉の〝おん〟を響かせてください。そして、その響きが自分の身体と心に強く働きかけるように、世界中に働きかけるように…。しっかり言っていただけますか。
　もう一度立って、あのー、身体がこう曲がったり前屈《かが》みになっていると、なかなか良い音が出てきませんよ。しっかり立ってください。こうじゃダメですよ。こうです。（大村先生、右足と左足でしっかり大地を踏みしめる）自分がしっかり立っているかどうかと確かめるために、一つひとつ、こう足を踏みしめてね」

（参加者も同じ動作をする。一呼吸おいて、朝の詩を唱え始める）

大村先生と参加者の皆さん「わたしが世界を見るとき…」

大村先生「ごめんなさいね、ちょっと止めてください。そのね、私が最初〝わ〟と言ったので、慌《あわ》てて〝わ〟を抜かした人、いるでしょう？　〝たし〟じゃ、だめなんですよ。〝わたし〟ですから。いいですか。イチ、ニイ、サンで始めましょう。　イチ、ニイ、サン」

参加者の皆さん「わたしが世界を見るとき、太陽が輝き、星がきらめきます」

大村先生「ゆっくり」

参加者の皆さん「世界には鉱物があり、植物がいきいきと成長し、動物が世界を感じながら、生きています。世界中で人間だけが心を持ち、その心の中には、精神が具えられています。わたしが星を見るとき、その星は、わたしの中で生きます。神さまの精神が、太陽の光の中で、世界のいたるところで、そして、わたしの心の深みで働いています。神さま、わたしはあなたに祈ります。わたしが学び、働くとき、力と恵みとが、わたしの中で育ちますように」

（しばらくの静寂）

九九のエクササイズ
自分の体の中に、リズムを感じるように…

大村先生「では、今から九九《くく》のエクササイズをしますので、テーブルと椅子を部屋の両端に動かしてください。ご自分のテーブルが、どこに、どんなふうに置かれているか覚えていてくださいね」

10時30分　机と椅子を部屋の左右に移動させ、部屋の真ん中を広く空けて、スペースを作る。参加者と大村先生は円を作って立つ。

大村先生「さっき言いましたように、なるべく説明しないようにしますから、私のすることをよく見て、真似してください」

　左回りに歩けるように、身体を進行方向へ向ける。手拍子と足の動きが同じリズムになるように歩く。

全員（手拍子をとり、前へ歩きながら）〈2の段〉「2、4、6、8、10、12、14、16、18、20、22、24」

大村先生「24から戻ります」

　24で止まった状態から、手拍子とともにそのまま後ろ向きで歩き、数を数える。

全員（手拍子をとり、後ろへ動きながら）「24、22、20、18、16、14、12、10、8、6、4、2」足を揃えて止まる。

大村先生「もう一回しましょう。もう少し早く動けるかしら。やっぱり、二重にした方がいいかな。（二重の円になる）…私が中の輪に入った方がいいわね。見えますか？　じゃ、少し大きく動きますよ」

全員（前回より早く前向きに歩く）「2、4、6、8、10、12、14、16、18、20、22、24」（後ろ向きに歩く）「24、22、20、18、16、14、12、10、8、6、4、2」

大村先生「自分の身体の中に、このリズムを感じるようになりましたか？　手も二本、足も二本、目も、眉毛《まゆげ》も、耳もふたつありますね。身体の中にふたつあるものを数える時は、みんな二拍子ですよ。…よーくリズムをとってね。もう一度しましょう」

全員（もっと早く）「2、4、6、8、10、12、14、16、18、20、22、24」

「24、22、20、18、16、14、12、10、8、6、4、2」

大村先生「もうちょっと早く！ なんかあんまり、皆さんうきうきしていないようなんだけれど…。うきうきします？（笑）顔がこわばっているみたい！ うきうきですよ。うきうきうきうき！」

全員（さらに早く）「2、4、6、8、10、12、14、16、18、20、22、24」

「24、22、20、18、16、14、12、10、8、6、4、2」

大村先生「帰りがなかなか難しいですね。24からの帰りになると、とたんに重くなりますね。（笑）今度は床に座ってください。タイトなスカートの方はごめんなさいね。出来ない方は無理なさらずに適当な格好で楽にしていてくださいね。（参加者の中のお腹の大きい方のために、言う）」

二重の円のまま、床に座る。そして、三拍子を取る。（一拍め、右手のひらで床をたたく。二拍め、左手のひらで床をたたく。三拍め、身体の前で手拍子：トン、トン、パン。トン、トン、パン）

全員 トン、トン、パン。トン、トン、パン。（以下〃パン〃の手拍子の時に数を言う）＜3の段＞

「3、6、9、12、15、18、21、24、27、30、33、36」

パン、トン、トン。パン、トン、トン。パン、トン、トン。パン…（36から戻る時には動作も逆になる）「36、33、30、27、24…」

大村先生「元に戻ります。…よく見てくださいね。見えますか。行きにはこうしましたよね（右手、左手、手拍子：トン、トン、パン。トン、トン、パン）。帰りはこう（手拍子、左手、右手：パン、トン、トン。パン、トン、トン…）始めますよ。おなかが大きいと、やりにくいでしょう、適当に具合をみて座ってくださいね。いいですか。いきます」

全員　パン、トン、トン。パン、トン、トン。パン、トン、トン。パン…

「36、33、30、27、24、21、18、15、12、9、6、3」

大村先生「上手に出来ましたね。もうちょっと早く。（笑）いーい？」

全員　パン、トン、トン。パン、トン、トン…

大村先生「もっと早く」

全員　パン、トン、トン。パン、トン、トン。パン、トン、トン。パン…

「36、33、30、27、24、21、18、15、12、9、6、3」

大村先生「手が痛くなりましたね。はい、じゃあ今度は、ずっと大きい数へ行きましょうか」

手拍子と足の歩みを揃えて、2、4、6、8。

〈九の段〉

1・右手頭　2・右手肩　3・右手腰
4・左手頭　5・左手肩　6・左手腰
7・右足踏み　8・左足踏み　9・手拍子

大村先生「これが一つです。一組です。大丈夫かしら。もっとゆっくりにします？　はい、九の段いきますよ」

一～九まで動作をし、九で手を叩《たた》く時だけ口に出して数を言う。

全員「9、18、27、36、45、54、63、72、81、90、99、108」

大村先生「これで12まで行きましたね。では、戻ります。いいですか」（9×12＝108ということ）

戻る動き（行きとまったく逆）

九九の2の段のリズム

1から24まで

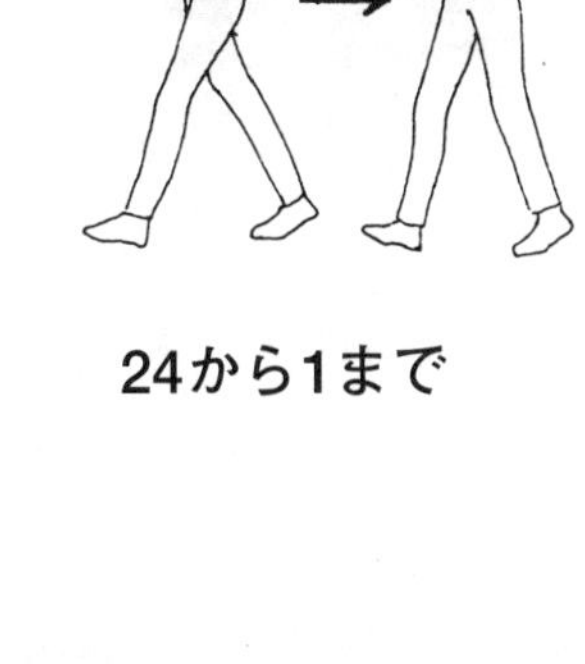

24から1まで

九九の3の段のリズム

36から1まで　　　　1から36まで

※床をたたく時、「1」「2」は心の中で…、手拍子の時「3」と声を出す。

九九の9の段のリズム

これを108までくり返す、108から反対の動作で1まで戻る

九の段を108から9まで戻る。

108　手拍子

・左足踏み

・右足踏み

・左手で腰

・左手で肩

・左手で頭

・右手で腰

・右手で肩

・右手で頭

99　手拍子

（以下、同様にして、9まで戻ってゆく）

大村先生「じゃあ、席に戻ります。机を戻してください」

全員で机、椅子を元に戻す。そして、机の後ろに立つ。

大村先生「みなさん元の位置に戻っていますか？　どうして、戻ったって分かりますか？」

参加者「この辺に黒板があったな、先生がいらっしゃったなって、身体で感じます」

大村先生「そうですね。他には、どうして戻ったって分かりますか？」

他の参加者「隣りの人が、同じだから」（笑）

大村先生「お隣の方をそれだけ信用しているんですね。（笑）他には、どうですか？」

別の参加者「みんなが静まりましたから、たぶん、みなさん、こう、大丈夫だという気持ちがあったのでは」

大村先生「そうですか。少し考えましょうねえ。例えばね、ほら、探すと目印がありますでしょう？　こういうのとかね。（壁の仕切を指して）この線の左から何番目とか、それから、この、こういう四角があるとか。いっぱい目印があるでしょう！　部屋にあるいろんなものを目印にした人いますか？」

大村先生の立っている場所を、目印にしたという人

もいて、

大村先生「信じてくださってありがとう。でも、わたしが元の場所に戻っていなかったらどうします？（笑）はい、そちらの方どうぞ」

参加者「机が、やはり少しずれている」

大村先生「そこから、どうやって見えたのかしら…。

子ども達にはね、勿論《もちろん》こんなふうには言いません。小さな子ども達のためには一目で分かるように、床に印をつけておきます。私が受け持っている六、七年生の子ども達の内では今、思考力が育っているでしょ。ですから日常の小さなことの中でも思考力が育つように促しています。これはやっぱり思考力なんですよ、みなさん。（笑）物と物との関係を注意深く見て、それが、動いたら、その動いた結果をまた見る。物と物との関係を把握する力は、思考の力です。椅子と机を動かして、また、元のところに戻す、というたったそれだけのことをするにも、私達が意識さえすれば、思考の訓練になるんですね」

詩を唱えます。「はる」…
しっかり立って、身体はまっすぐ…。

大村先生「それでは、今度は詩を唱《とな》えましょう。『はる』という詩です。これは谷川俊太郎さんの詩です。さっき話したこと覚えていますね。しっかり立って、身体はまっすぐにして、膝《ひざ》を曲げずに。二回唱えます」

全員「はる」

はなをこえて
しろいくもが
くもをこえて
ふかいそらが

はなをこえ
くもをこえ
そらをこえ
わたしはどこまでものぼってゆける
はるのひととき
わたしはかみさまと

しずかなはなしをした

（「空の青さをみつめていると　谷川俊太郎詩集Ⅰ」（角川文庫）より）

（続けて、もう一度読む）

大村先生「今度は小さな声で」

（参加者小さな声で音読ののち、静かな余韻《よいん》が残る）

大村先生「次に一緒に歌を歌いたいのですが、私が風邪をひいてしまって声がでませんので、音楽の先生に一緒に歌っていただきます。メインレッスンの時は、必ず担任の先生が一緒に歌います。音楽の先生にわざわざお出でいただくことは勿論ないんですけれど、今日は声が出ないのでごめんなさいね…」

小野里先生「おはようございます。もう東京はすでに春爛漫《らんまん》なんですけれども、『春が来た』という歌を歌います。何回か歌いますので、最初に覚えられなくても心配しないでください。身体をリラックスしてくださいね」

♪ Oh welcome to you

Oh beautiful Spring

When flowers are blooming

And birds start to sing

小野里先生「春がきたよ。花が咲いて、鳥が鳴いているよ、という詩です。ラララでやりましょうか」

♪ラララ〜

（小野里先生が、右手で音の高低をとりながら）

小野里先生「これを特に、こちらの方に覚えていただきたいのです。あとで輪唱《りんしょう》しますので」（窓側の方達を指す）

小野里先生「次のパートいきます。♪♪♪ラララ」

（窓側に座った方は、はじめのパートを。部屋の中程に座った方は、その次のパートを。部屋の入口側の方は、三番目のパートを小野里先生と練習する）

小野里先生「もし歌いにくかったら、手を一緒にやったら、歌いやすいかもしれません。一、二、三、はい」

（手で、音階を取りながら、歌う）

小野里先生「では、ひとつの曲になっているかどうか、歌ってみましょう」

パート順に：♪ラララ～

（窓側の方→真ん中の方→入口側の方）

歌い終わると、

大村先生「またお昼に歌いましょう。そして、今日最後にみんなで合わせてみますね。

高学年の生徒のための音楽教室とオイリュトミー・ホール以外にはシュタイナー学校の教室には、どこにもピアノがないんですよ。それで先生は、いつも子ども達と向かい合って歌を歌います。メロディー（音階）は手を上下に動かして表します。他のパートも皆さん覚えていますね。…では、席についてください」

みんな席に着く。

Oh welcome to you

Oh wel-come to you - Oh beau-ti-ful spring. When
flo-wers are bloo-ming and birds start to sing
Oh wel-come to you - Oh beau-ti-ful spring when
flo-wers are bloo-ming and birds start to sing
Oh wel-come you Oh beau-ti-ful spring When
flo-wers are bloo-ming and birds start to sing

作／F.Schubert

メインレッスン
「昭和新山」三松正夫さんのお話。

大村先生「今から、メインレッスンの話を始めます。話を聞く時は、机の上には何も置かずに、メモもとらずに聞いてください」

メインレッスンの話

『一九四三年一二月二八日の夜のことでした。あと三日すればお正月… 昼間は新年を迎える準備に慌《あわ》ただしく過ごしていた村の人たちも、もうぐっすり眠り込んでいる時間でした。壮瞥《そうべつ》村の郵便局長の三松《みまつ》正夫さんは、カタカタカタカタ… というかすかな音を聞いたような気がして、仕事をしていた手を休め、じっと耳を澄《すま》しました。カタカタという音はずっと長く続き、天井から下がっている電灯がかすかに揺《ゆ》れました。時計を見ると十一時二三分でした。揺れがおさまると三松さんは座り直してまた仕事を始めました。年の暮れですから局員が家に帰ってからも、仕事は山のように残っていたのです。一五分後にカタカタカタカタという音と共にまた揺れました。今度も揺れ方の周期が短い地震でした。それからさらに五分と経《た》たないうちに三回目の地震がありました。「震源地は有珠山《うすざん》だ。それしか考えられない」三松さんはそう思いました。「有珠山が新しい活動を始めたに違いない」三松さんはこの地震はそのために起きた地震だと思ったのです。記録に残っている有珠山の大噴火は、一六六三年、一七六八年、一八二二年、一八五三年、そして、一九一〇年の五回あります。そして噴火のたびに、地震や地すべり、溶岩や火山灰による被害があったことが記録されています。

地震はそれからも五分おき、一〇分おきに、時には二、三分おきに繰《く》り返し起きました。母屋《おもや》から三松さんの奥さんが「大丈夫でしょうか?」と心配顔で聞きに来ました。村の人たちからも次々と電話がかかってきました。「大丈夫ですよ。心配ありませんよ」村長さんからの問合せに、そう言って三松さんが電話を切ったとたんに、大地の底で桶《おけ》を叩《たた》くようなガタガタガタガタという大きな音がしました。そして次の瞬間、今までになく大きな揺れがおそってきました。一九一〇年の大爆発の時にも、同じような音を聞いた! そして、その後五日後に大爆発が起きたのだった… 三松さんは思い出しました。そして、今度の地震も大きな噴火が起きる前兆かも知れないと思ったのでした。

その後も地の底から聞こえてくる音と共に大地は揺れ続けました。壮瞥《そうべつ》村の人だけではなく、隣りの村からも、そのまた向こうの村からも、ひっきりなしに電話がかかってきました。そして、誰もが「避難した方がいいでしょうか？」「大爆発が起こるんでしょうか？」と心配そうに聞くのです。「大丈夫、まだまだ大丈夫ですよ」と言いながらも、三松さんは「このまま鳴動《めいどう》（地響きと地震）が続くようだったら、近い内に必ず噴火するだろう」と考えていたのでした。

…山に異変は起きていないだろうか…三松さんは気にかかって仕方がありませんでした。そして有珠山を見回ってこようと考えました。外に出ると雪はあいかわらず降り続いていましたが、幸い風は止んでいました。三松さんはカンテラに灯をともして馬小屋から馬を曳《ひ》きだし、馬に乗って有珠山に向いました。暗闇の中で雪は音もなく降りしきり、山はしーんと静まり返っていました。異変は何も感じられませんでした。「こんなに暗くては何も見えない、また明日出直そう」そう思って三松さんは馬の向きを変え、家に帰ってきました。家に着いた時には寒さで足の指先までもがしびれるほど冷たくなっていました。

その夜から三松さんは地震があるたびに記録を残し始めました。測候所のような地震計はありませんでしたから、昼間は地震があるたびにノートに記しました。けれど、そのために一晩中起きている訳にもいきません。そこで三松さんは枕元に、ふたつの籠《かご》を置きました。そして、一つの籠に大豆《だいず》をいっぱい入れておき、地震がある度に、もうひとつの空《から》の籠の中にひとつずつ大豆を入れたのです。そうして、三松さんは一晩中、地震がある度に寝ぼけ眼《まなこ》のまま大豆をつかんでは空の籠に大豆を入れ続けました。こうして翌朝、その大豆の数を数え、三松さんは夜中に何回地震があったのかを知ることができたのです。

一二月二九日、一一六回、三〇日は一一〇回、そして、三一日には一〇五回の地震がありました。年が明けてから、有珠山の西北西にある金比羅山《こんぴらさん》の麓《ふもと》にある洞爺《とうや》湖温泉町で、水道管が破裂して断水になった、という知らせが入りました。やはり、地形が変化し始めたのだと三松さんは思いました。専門家に頼んで本格的に調査を始めてもらわなければ…と三松さんが考えていたその時、「局長さん、大変です！　私の家の井戸からもんもんと蒸気《じょうき》が出ています。一時間前に、うちのやつが水を汲《く》んだ時には何でもなかったのに、今は湯気がもうもうと出ているんです。見に来てくれませんか?」とフカバ集落の村の人が郵便局まで息せききって駆《か》けてきました。三松さんがその家へ急いでかけつけると、村の人が言ったとおり、井戸からはもんもんと湯気が立ち上《のぼ》っていました。三松さんはしょってきたリュックサックから温度計を取り出し、ひもで吊《つる》して井戸の中に入れました。温度計は三五度を示していました。ふだん、井戸水は一七度か一八度のはずです。ひょっとすると、ここいらに新山ができるかもしれない…三松さんは、三三年前の噴火のことを思い出しながら、そう考えました。でも、不確かなことを言って、村の人たちを不安におとしいれることは出来ません。

考えに考えた末、三松さんはどうしても東京から地質学者や火山学者などの専門家たちを呼ぼう、そして、詳しく調査をしてもらおうと決めました。そして、すぐに東京の気象庁に電話をして、有珠山近辺で毎日百回以上の地震が起きていること、断水があったこと、井戸水の温度が異常に上がっていることなどを話し、是非、専門家を派遣して調査して欲しい、と頼みました。けれど、気象庁から届いた返事は「今すぐには誰も行かれない」という返事でした。日本はそのころ世界を相手に大きな戦争をしていました。そして、科学者も地質学者も戦争にかり出されていて、専門家を北海道にまで派遣する余裕はなかったのです。

さて、地震が始まってから二〇日目には四キロ離れた洞爺湖《とうやこ》に異変が起きました。その日朝早く洞爺湖温泉の宿屋の主人から三松さんに電話がありました。「三松さん、直ぐ来てください！　大変なことがあったんですよ！　とにかくすぐ来てください！」三松さんが何を聞いても「とにかく来てください」の一点張りです。宿屋の主人の慌《あわ》てぶりは大変なものでした。三松さんはともかくも出掛けることにし、馬に乗って洞爺湖に向かいました。三松さんの姿を見るやいなや、宿屋の主人は三松さんの腕をとって、「三松さん、こっちです。こっちです」、と湖の上を指すのでした。湖水はしーんと静まり、規則正しく小さな波が寄せては返しているだけです。「いったいどうしたんですか?」と三松さんが訝《いぶか》しげに尋ねると、「大変だったんですよ！　今から三〇分ほど前のことです。この洞爺湖に大きな渦《うず》が出来て、私は湖の底に引きずられるんじゃないかと思いました！」「落ち着いて、落ち着いて、ちゃんと初めから話してくれませんか」

宿屋の主人の話はこうでした。

……今朝起きると、いつもよりずっと寒かったので、今日こそ湖に氷が張っているに違いない、とわたしは思ったんです。（実は、洞爺湖は真冬でも、例年めったに凍《こお》らないのですが、その宿屋の主人は最近東京から引っ越して来たばかりなので、そのことを知らなかったのです）わたしは勇んでここに来てみましたが、やっぱり今日も凍っていませんでした。実は私は若い頃からアイススケートが得意でしてね、洞爺湖に氷が張ったら、スケート靴を履《は》いてあの中島に滑って行ってみたいと思ってて、とても楽しみにしていたんです。ですから今朝も凍《こお》っていない湖を見て、いったいいつになったら凍るんだろうとがっかりしてしまいました。桟橋《さんばし》の先まで歩いていって、ちょっと腹立たしかったもんですから、棒きれを拾って湖に向かって投げつけたんです。

そしたら変なんですよ！　水面に落ちた棒きれがぐるぐる回るんです。不思議に思ってじーっと眺《なが》めていると、水が渦《うず》を巻いているように見えます。どうしてこんな所に渦《うず》が巻いているんだろう、私の目の錯覚《さっかく》ではないだろうか、そう思ってなおも見ていました。すると、その渦はだんだん大きくなり、回り方も激しくなって、とうとう私の目の前まで迫ってきたじゃありませんか！　そして桟橋はぎしぎしと大きな音を立てて激しく揺れ、私は桟橋もろともそのまま渦の中に吸い込まれてしまうんじゃないかと思ったほどです。それはそれは恐ろしかったんですよ。ゴーっという大きな音をたてて、まるで湖の水が全部吸い込まれるんじゃないかと思ったほど巨大な渦でした。私はもうビックリして、桟橋に這《は》いつくばって『神様、仏様、助けてください』と繰り返すばかりでした。

どれくらい時間が経ったか分かりません。気が付くと、桟橋の揺《ゆ》れも小さくなり、音もだんだん弱くなっていました。恐る恐る顔をあげると渦の速度もゆるやかになって、しばらくすると、何もなかったように湖は静かに小さな波がチャッポンチャッポンと繰り返し寄せては返しているだけでした。私は夢を見ていたんだろうか、と思いました。でも、夢ではなく、確かに私は渦を見たし、凄《すご》い音も聞いたのです。その証拠に、いつもは見たこともない泡《あわ》が水面にいっぱい浮いていて、よーく見ると、ゆっくりゆっくり大きな渦を巻いて動いているのです。

しばらく見ているうちに、もしかするとこれは地震に関係があるかもしれないと、私は思いついたんです。そして、三松さんに知らせなくちゃならない、と思って電話したんですよ。この渦は地震に関係があるのでしょうか」

　この湖の地下のどこかが陥没《かんぼつ》して、そこに湖の水がどっと流れ込んで渦ができたのだろう、と三松さんはすぐに考えつきました。でも、これがすぐに噴火と結び付くとも思われません。三松さんは宿屋の主人に言いました。「心配要りませんよ。まだこれくらいでは、何も起こりませんから」宿屋の主人は、三松さんの言葉を聞き逃しませんでした。「これくらいのこと、というのはどういう意味ですか？　これ以上のことがあると、やっぱり噴火が起きるんですね？」三松さんは、しまった、と思いました。噴火が起きるんじゃあないかとずっと心配していたので、三松さんはついそんなふうに言ってしまったのです。でも、何とか宿屋の主人をなだめ、そして、渦が起きたという場所を正確にノートに記して、「注意していてください。もし、またなにか変わったことが起きたら必ず知らせてくださいね」と頼みました。

　郵便局に戻った三松さんのもとに、それからも次々と村の人達から連絡が入りました。伊達紋別《だてもんべつ》駅の駅長さんからは、土地が隆起して鉄道のレールが曲がり、列車が通れなくなったという知らせが入りました。道路が陥没《かんぼつ》した、畑に断層ができた、地面に皺（しわ）ができた、亀裂《きれつ》が起きた、井戸から泥水《でいすい》があふれ出した等々…あちらでも、こちらでも異変が起こっているという知らせが届きました。

　…これから先いったい何が起こるのだろうか？　有珠山は噴火するのだろうか？　するとしたらいつだろう…？　過去の記録を見れば見当が付くかもしれない。それを村の人々に知らせてあげることができたら、彼らも少しは安心するだろうし、噴火が起こることが予測できるようなら、そのための準備もできるだろう。避難させることもできる…三松さんはそう考えて、三三年前に有珠山が噴火した時以来、専門家に教えてもらって、書き続けてきた有珠山の観察ノートとスケッチブックを取り出して、注意深く読みました。有珠山の活動の変化を見ると、近いうちに噴火することはもう間違いないと三松さんは確信しました。問題はそれが「いつ起こるか」ということです。三松さんは専門家ではありませんから、記録ノートを見てもそこまでは分かりません。

…東京の観測所がだめなら、室蘭の測候所がある、そ

うだ、そこへ電話をしてみよう、そして、せめて測定器だけでも貸してもらえるように頼んでみよう… そう思って三松さんは室蘭の測候所に直ぐに電話をしました。すると翌日、室蘭の測候所の所長さんが測定器を持ってやって来てくれたのです。三松さんと所長さんは測定器を持ってすぐに有珠山に向かいました。

その年の六月二三日、快晴の初夏の朝、八時一五分、有珠山は噴火し、昭和新山が生まれました。この間の出来事はまだまだいろいろあります。子ども達には一週間かけて、詳しく話をしました。今日は時間がありませんので、メインレッスンの話はこれで終わります』

メインレッスン・ブックは、子ども達一人ひとりの学習の結晶。

大村先生「それでは、色鉛筆を出してください」

色鉛筆を出す。大村先生が白い画用紙を配る。

全員に紙が行き届いたことを見届けて、先生は紙の折り方、文章の書き方、そして絵の描き方を説明する。

大村先生「皆さんの机の上に、紙がこういうふうに置いてありますね。では、それを、このように半分に折ってください。折ったらもう一度、開いてください。これから皆さんにしていただくことを話します。えー、皆さんの向かって左側のページに有珠山の絵を描いてください。そして右側に今皆さんが聞いた話を書いてください。

ちょっと待ってくださいね、もう少し説明しますね。あのー、学校では、私がした話をもとにして子ども達に文章を書いてもらうのですが、さっき言いましたように、子ども達は話を聞いている間は一切書き取りません。ただ聞いています。そして、その話は次の日のメインレッスンの始めに、私と一緒に復習します。私がいろいろ質問して子ども達は答えます。勿論、子ども達は私が質問したこと以外にも、自分の心に残ったことをいろいろ話してくれます。そして、その日に、(話を聞いた翌日、復習した日）宿題として家でその話を文章用のノートに書きます。話を聞いたその日にすぐには書きません。聞いた話をすぐに書いたら、それは知識だけに終ってしまいます。だって聞いたことをそのまま書くんですから…。でも、一晩子ども達の内で眠った話は子ども達のものとなります。食べた物が身体の中で吸収され、血となり肉となり、エネルギーとなるように…です。

子ども達はメインレッスン・ブックと呼ばれる、何も書いてないまっ白なノートを持っていて、学校で話を聞いたあとで、授業中にまずそのノートに絵を描きます。文章は、文章用のノートに家で宿題として書き、私が添削《てんさく》します。習った漢字を使うように、文章の起承転結がおかしかったらそれを直すように、全体として話が伝わらない時にはこんなこともあったね、と言って思い出すように添削します。勿論、基本的には子どもが書いたことを大事にしますよ。私の子ども達は六年生と七年生ですから、子ども達と話し合って、書いてあることが子どもにとってとても大事なんだと分かったら、直さずそのままにすることもあります。それから、子ども達は私が添削した文章をメインレッスン・ブックに書き写します。絵を描いたその隣のページにです。メインレッスン・ブックは子ども達一人ひとりの学習の結晶です。本当に宝物ですね。子ども達自身はその価値を今はよく分からないかもしれませんが、お母さんやお父さんはとっても大事にしていますよ。私もアメリカから日本に帰ってくる時に、息子のメインレッスン・ブックは持ち帰る物リストの中で最も重要なもののひとつでした。

黒板の昭和新山の絵を描く参加者。

メインレッスン・ブックの説明。

今日は皆さんに文章を書いていただく時間がありませんので、お家に帰ってから書いてください。子ども達と文章を書く練習をする時に、私がいつも注意していることは…「誰が」「どこで」「何を」「いつ」「誰と」「どのように」…ということを必ず書くということです。何を、いつ、誰と…という項目をこう書いてね。（黒板に表を書く）例えば「誰が」という項には「三松さんが」と、「いつ」のところには「一九四三年一二月二八日」、「何が」というところには「地震が起きた」、というように簡単に書きます。最初の頃はノートに実際、表を作りました。そして、そこに必要なことを書き込んで、その後にそれぞれの言葉を繋《つな》いで文章にしてゆくという練習をしました。今は表を作らなくても、みんなちゃんと頭の中に入っていて、必要なことは全部入れて文章を書けるようになりましたよ。初めは「大変だ」「大変だ」と言っていましたが、今では文章を書くことが楽しくなったようです。

皆さんの中で、もし文章を書くのがとても苦手だ、とおっしゃる方がいらっしゃいましたら、こんなふうに練習してみたらいかがですか？　素晴らしい文章を書く必要はありません。伝えたいことがちゃんと伝わったらいいんです。きっと段々書くことが好きになっていきますよ。

では、色鉛筆を使って今から有珠山の絵を、向かって左側のページに描いてください」

参加者は黒板に描いてある昭和新山の絵を、半分に折った紙の左側に、色鉛筆で描き始める。

大村先生「私、有珠山って言ったようですね。昭和新山の間違えでした。ごめんなさい」

大村先生「見えますか?」（黒板を部屋の中央へ持ってくる）

（約八分程、静かに絵を描く時が流れる。大村先生は、一人ひとりの机をまわり、ノートを見て回る）

大村先生「大体描いておいて、あとでお家で仕上げられたらいいと思います。楽しみですねえ。…子ども達は、休み時間がなくなるからもう止める、あとは家で描いてくるって言って、自発的に宿題にしてしまうんですけれど、（笑）…終わりにします。ノートをしまってください。（前列の方で、ノートの左右いっぱいに昭和新山の絵を描いている方がいたので、そのノートを『ちょっといいですか』と断ってみんなに見せながら話す）あのー、この方はどうしても紙いっぱい使って描きたかったんですよね、そうだと思います。（ノートの持ち主に向かって）あなたは聞いていらっしゃいましたものねえ。絵は紙を半分に折った左半分に描いてくださいと言ったこと…、覚えていらっしゃいますよね。そして、こちらには、（右のページを指しながら）文章を書くって言いましたよね。でね、あなたはやっぱりどうしても紙いっぱいに絵を描きたかったんですよ。中には時々そういう子がいるんですね。それでね、どうしてもそうしたいという気持ちを無にしたくないでしょう。ですから何とか工夫して、もう一枚、紙をあげてね、それに文章を書いてメインレッスン・ブックにセロハンテープで貼《は》るとか…これはこれで大事にするというようにしています。『私の言うこと聞いていなかったわね!』とか、『こんなことして!』とか、まあ、気分の悪い時は心の中でそう思わないこともありませんが、（笑）でも、あなたは、どうしても大きく描きたいっていう衝動《しょうどう》がきっとあったんですよね」

ノートの左右いっぱいに絵を描いた人が尋《たず》ねる。

参加者「私の紙の使い方、違うんですか」

大村先生「違うんですよ」

参加者（笑）

大村先生「今日は、昭和新山の絵を左に描いて、右に文章を書くようにしようと考えていたんです」

参加者「こっちは字だけを書くんですか？」

大村先生「はい」

参加者「あー。（納得したように）」（笑）

大村先生「お隣の方、これでこの方の気質が分かりましたね。ねえ、あなたは同じような気質の方に挟《はさ》まれていたんですね。（笑）そうか、これもまた運命ですね。（笑）ホントにこういう一つひとつのことで気質が分かるでしょう？　で、これは決して『良い』『悪い』と判断することではありませんね。

では、これから先のことをお話しします。この中からご自分の好きな色を選んで、表紙にしてください。（色のついた紙を指して）また同じようにこれを半分に折って、今絵を描かれた紙をはさみ込みます。また午後にメインレッスン・ブックについてお話ししますけれど、ここに題を書いて、そしてまた絵を描いて、表紙にします。ここには目次を書いて、（絵を描いた裏側のページを指して）今日は四ページだけですけれど、いつも、二〇ページぐらいのノートを作ります…。

小野里先生、歌を歌う時間なくなりましたね。お昼に歌うことにしていいかしら？　水彩画の授業が遅くなるでしょう？　午後の授業が始まる前に歌いましょう。

では、メインレッスンを終わりにします。終わりの時には、机の上の物を全部をしまいます」

（参加者のみなさん、机の上の物を片づけ、席から立ち上がる）

大村先生「では、歌を歌う時間がなくなりましたが、今日のメインレッスンを終わります。ありがとうございました」

参加者「ありがとうございました」

〈休憩〉

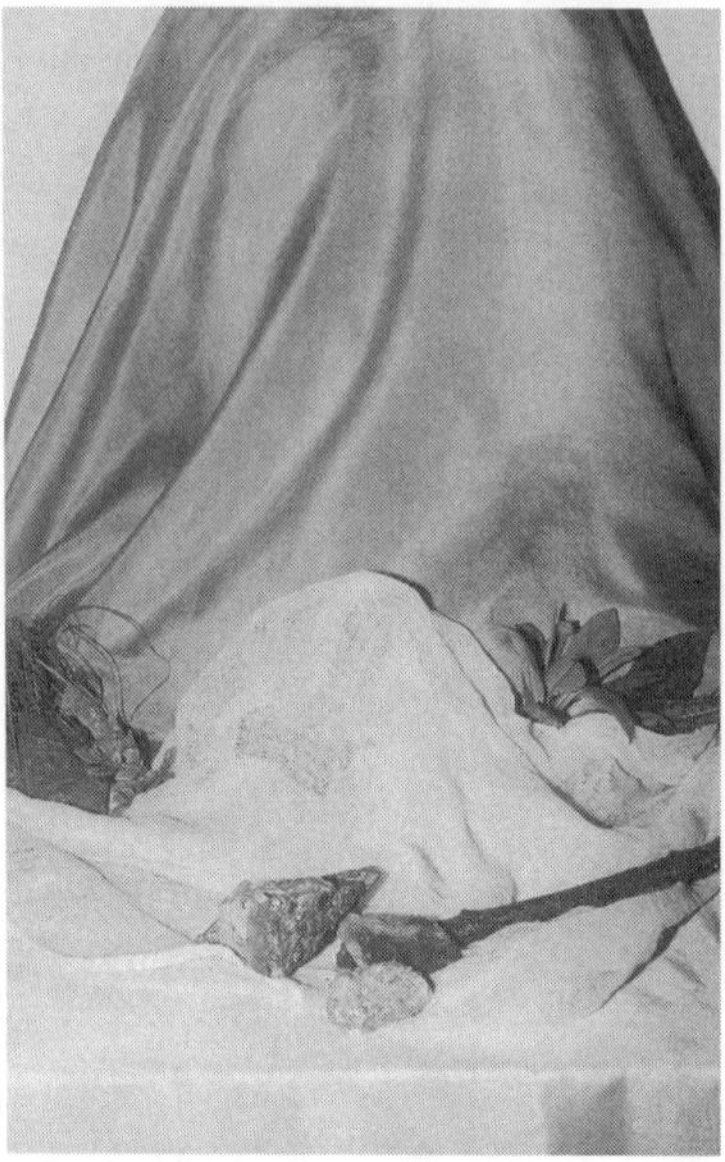

昭和新山の「季節のテーブル」

小学生のための水彩の時間

心が洗われるひと時、色使いにも個性や気持ちのあり方が、絵の中にあらわれる…。

講師／中村トヨ

11時40分～12時50分　小学校のにじみ絵
（四月三〇日　午前の部-②）

休み時間に机を並べ、絵の具三色（赤、青、黄色）、水入れ、布を机の上に用意する。

中村先生「おはようございます」

参加者の皆さん「おはようございます」

中村先生「きょうは六、七年生を対象とした水彩の時間です。皆さんの机の上には赤、黄、青の三色の絵の具のビンがあります。それぞれのビンの底には溶けていない絵の具のかたまりがあります。それはそのままにしておいてください。きのう（一日目）スクーリングを受けていない方はいますか。（何人かの人が手を挙《あ》げる）

わかりました。では、きのうの復習をします。きのうは幼稚園児を対象にした絵を描きました。〇歳から七歳ぐらいまでの子どもは手足をたくさん動かし、身体がすくすく育つ時期です。つまり意志が十分に発達する時期です。その発達に役立つ大きな力は動きとリズムです。私たちが成長する時、最も基本的な動きは呼吸にあります。つまり吸って吐《は》くという規則正しいリズムです。さて色彩世界の中では、黄色は中心から外へ広がり、そして次第に消えていきます。次に青色はその反対で外側から中心に消えていきます。そして赤色はそれ自身の存在を前へ前へと押し出します。この三原色が持つ輝き、動き、そしてリズムが子ども達の意志を発達させるために役立つのですね。

さて今日のメインレッスンのテーマは『昭和新山』でした。生徒の皆さんは先生の話を一心に聞き入りました。主人公の三松さんがその当時、体験したことをまるで自分が体験しているかのように心が動かされました。この年頃（六、七年生）の子どもは感情がより豊かに育つ時期です。自我が芽生え始め、自分と世界の違いに気がつき始めます。水彩で使う絵の具も三原色から中間色へと色の動きも幅広く豊かになります。それでは昭和新山の絵を描きます。

いろいろな質問に、ていねいに答える中村先生。

①紙の中心に黄色を置き、中心から外に広げます。外にいくほど色は薄くしてください。

②次は空の色、青を上の方から黄色を包み込むように描きます。黄色と青が出会うところに緑が生まれましたね。外に向かう動きと、内に向かう動きの中で緑を体験してください。

③真ん中の黄色の上に赤で山の様子を描きます。ここにもオレンジ色が生まれます。そして更に三色（赤、黄、青）が混ざった茶色も体験することでしょう。山の上の黄色や青色はそびえ立つ昭和新山を力強く現すことでしょう。

④紙の下の方にも一度青色を加え、山の裾《すそ》の木や草を描きます。最初に言いましたように、この時期の子ども達の心の中には、自分と世界の違いが少しずつはっきりしてくるので、彼らは絵の中にも空気の要素、水の要素、土の要素、熱の要素などを色の動きを通してより豊かに体験します。そうして彼らの感情が育っていきます。

実際にはシュタイナー学校の六、七年生は、五色か六色を使って描きますが、今日は、にじみ絵をはじめて描くという方が多いと聞いたので、三色を使って描くことにしました。はじめてください」

あらかじめ、水に浸されている紙を取りに行く。画板に載せて机の所にもっていき、タオルで紙をやさしくなで、水をふき取る。そして絵を描き始める。絵を描き終わった人たちが、中村先生の周りに集まり、いろいろな質問が交わされる。

中村先生「時間がきましたので、終わりにします。ありがとうございました」

参加者「ありがとうございました」

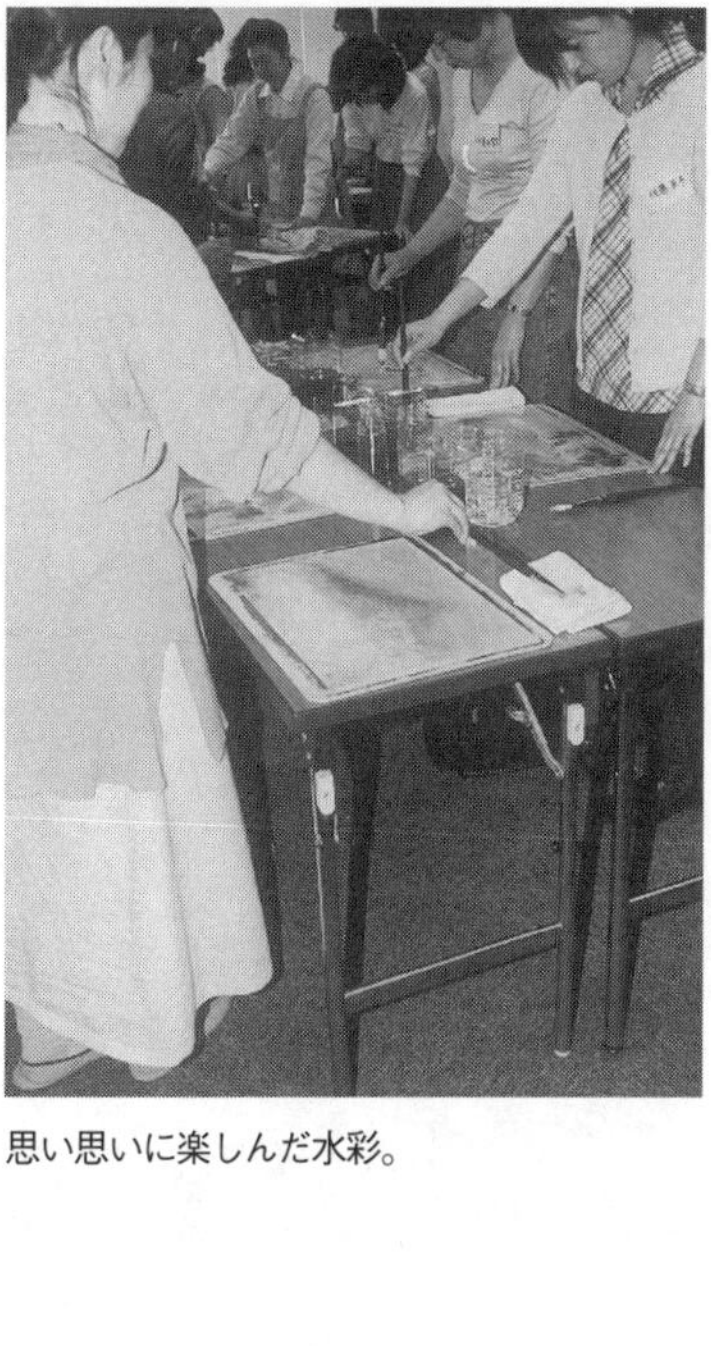

思い思いに楽しんだ水彩。

参加者の作品。「昭和新山」

講義と質問の時間

授業は「芸術」でなければならない…シュタイナー教育のすばらしさに触れて…。

講師／大村祐子

四月三〇日午後の部

「いずみの学校」の子ども達の向こうには、共に生きるたくさんの子ども達がいる。

大村先生「それでは、午後の授業を始めます。お座りください。きのうに引き続きおいでくださった方には二度も見ていただくことになりますが、今日初めておいでくださった方にもぜひにと思いますので、もう一度ビデオを見ていただきますね。『ひびきの村』の『シュタイナーいずみの学校』の様子が二月二〇日、ＳＴＶ（札幌テレビ放送）で放映されました。たった六分間ですが、『いずみの学校』の授業の一端と、子ども達の様子を少しはお分かりいただけると思います。皆さん、シュタイナー学校の様子というのはなかなか御覧になる機会がありませんでしょう？　けれど、きのうも言いましたが、『いずみの学校』で勉強している子ども達の向こうにはたくさんの子ども達がいます。そしてその子ども達のお母さんやお父さん、それから、子ども達のことを本当に一生懸命考えている人たちがいます。私達はいつでもその方たちと一緒に仕事をしている、共に生きていると考えているのです。

　授業は子ども達のためにしています。ですから、私達は原則として、授業は子どもを『いずみの学校』に入れたいと希望していらっしゃる父母だけに見ていただくと決めていますが、教師を目指している学生さんや今、学校で教えていらっしゃる先生方… どうしてもシュタイナー教育の現場を見たいとおっしゃる方々には見ていただくようにしています。勿論、見ていただく前にはできる限り、いろいろお話しします。また、子ども達にも話します。たくさんの人に助けられて、それで自分達はすばらしい教育を受けることができるんだと子ども達も分かっていると思います。必要な方に授業を見ていただいたり、学校を見ていただくことは、『いずみの学校』の役目のひとつだということも知っています。それで『大変だけれども、いいことにしよう!』って言ってくれます。御覧ください。見えますか? そちらの方、もう少しこちらへ寄られたらいかがですか? きのう見たから今日はいいわ、と思う方は眠っていてもいいですよ。(笑)六分ぐらいです」

(二〇〇〇年二月二〇日のビデオを放送)

大村先生「ありがとうございました。放映された後、いろいろなコメントが寄せられました。一番多かったのは、すばらしい教育だと思うけれど、卒業した後、子ども達は今の現実の社会に適応できるのでしょうか? とか、中学・高校に行ったときに勉強についていけるのでしょうか? とか、大学には行けるのでしょうか? とか…先のことをとても心配していらっしゃるコメントがたくさん来ました」

参加者「生徒がふたりなので、友達環境が前の学校とは違いますね。それはどうなんでしょうか」

大村先生「そういうこともよく聞かれるんですよ。『シュタイナー教育に学ぶ通信講座のQ&A』に書いたことがありますが…。

大事なことは何なのでしょうねえ。もちろん、子ども達にとって、同学年の友達と一緒に遊ぶことはとても大事なことでしょう。でも、子ども達は人間関係から何を学ぶのでしょうか? 子どもが人と関わることで学ぶ一番大事なことは、人を敬うことや、人を大事にするということだと私は思います。ですから、同年代の友達と遊ぶことが叶《かな》わないとしても、私達、教師と関わることで、子ども達がそれを学んでくれたらいいなと思っています。『いずみの学校』の教師はみんなが子ども達をとても大事にしています。そして、教師同士もお互いに大事にし、敬い合っています。私達はとても仲良しなんですよ。お給料をいただいていませんので、生活は大変です。『ひびきの村』の仕事はすべてボランティアですから…。(二〇〇一年五月現在、『ひびきの村』にも支えられて、教師にはお給料が支払われるようになりました)みんなそれぞれ他のところで働いて生活費を得ています。そんな大変な状況の中で仕事をしていますので、互いに助け合ったり支え合っていかなければなりません。そういう私達の姿を子ども達は見ているんですね。『いずみの学校』の子ども達は、同じ年ごろの子ども達と一緒に学ぶことはできません。けれど、人と関わることで学ばなければならないことは、私達教師と関わることで学んでいると思います。…『いずみの学校』に入れたいんですけど、子どもの数が少なくて、他の子どもと一緒に学んだり遊ぶという体験ができませんからねえ…とおっしゃって躊躇《ちゅうちょ》する方がたくさんいることも事実です。私はそういう方々には何も言いません。『そうですね』とだけ言います。でもね、人間は何かひとつ、とても大事なことを選んだら、その他のことは全部捨てなきゃならないんです。ひとつを選ぶということは、その他のことを全部捨てるということなんですもの…。そして、そのたったひとつ選んだことによって、大きな力が得られ、思いもよらない可能性が広がるのです。これは私自身の経験です。選ぶこと、捨てることは、本当に難しいことです。勇気の要ることです。なかなかできません。私達は何を選んで何を捨てるかということを、いつも考えて

午後の部。大村先生の講義に集中する参加者の皆さん。

いきたいですね。

　テレビで見ていただいたのは、物理の『音』の授業でしたが、気がつかれましたでしょうか？　子ども達がメインレッスン・ブックに最初に描いていた絵が何だったか、御覧になって分かりましたか？　ちょっとしか映らなかったのでお分かりにならなかったかしら？　『音』の授業の最初の話は、日光の『鳴き龍《りゅう》』でした。皆さん御存じですか？　日光・東照宮の薬師堂の天井に描かれている『鳴き龍』の話をしました。私はメインレッスンの話をする時、勿論史実にそってそっくりそのまま話をすることもありますが、私の創作を交えて話すこともあります。あの時、基本になる話は『鳴き龍』を使いましたが、子ども達が『音』について興味を持つような話に作り変えました。後でまた詳しく話しますが、私達が行う授業は、いつでも『美』と『真理』と『驚き』と『歓び』に満たされていなければならないのです。

　『音』の授業に戻りますが、『鳴き龍』というのは、…龍が描かれた天井の下に立って手を叩《たた》くと、天井に描かれた龍が鳴いたり、時にはまったく鳴かなかったり、時にはかすかに鳴き声が聞こえたりする…　そういう龍の絵です。実は私、三年くらい前に久しぶりにまた日光へ行って、『鳴き龍』の絵の下で手を叩《たた》きました。龍は鳴いたんですよ。…その時、子どもの頃…　天井に描かれた龍が鳴く…　という初めての体験をして、とっても驚き、興奮したことをありありと思い出しました。小学校三年生だったでしょうか。その時の感動を基にしてお話を作ったんです。

　私の話を聞いて、子ども達は…　なぜ、同じように手を叩いても、天井の龍が鳴いたり鳴かなかったりするのかな？　手の叩き方が違うのかしら？　手を強く叩くと鳴くのかしら？　弱く叩くと鳴かないの？…　って、とても不思議に思っていました。どうしてだろう？　って。

　この話は長くて、他にもいろいろ大事なことを含ませたんですが、今それをお話しする時間がないのが残念です。ともかく、この話を聞いた後、『音はどうやって生まれるんだろう？』、『音の違いはどうしてできるのかなあ？』ということを、子ども達は知りたくて知りたくてたまらなかったようでした。…　では、音がどうやって生まれるのか、どうしていろいろな音があるのか、考えましょうね、と言って、三週間、『音』の授業が続きました。

シュタイナー学校の授業は「芸術」であり授業をする先生は芸術家なのです。

シュタイナー学校の授業は『芸術』でなければなりません。『芸術的』とか、『芸術的な授業』ではないんですよ。授業そのものが『芸術』なのです。ですから、その『芸術』である授業をする先生は、当然、芸術家でなければなりませんね。

芸術ってどんなものだと思いますか？ 皆さんにとって、芸術って何ですか？ さっき握手した仲じゃありませんか！ そんなに緊張しないで！ お昼御飯を食べたらまた緊張してしまいましたか？ ご飯を食べると、普通は緊張がほぐれるんですけれどもねえ…。緊張がほぐれたので、皆さん、机の上にいろいろなものを出したままだったり、ここら辺に飾ってあったものをご自分の席に持って行かれたままなんじゃないですか？（笑）朝話したことを忘れましたか？（話を聞く時には机の上の物をみんなしまってください、と午前中のメインレッスンで話したこと）いいんですよ、そのままで。どうですか？ 芸術って何ですか？」

参加者「心が揺《ゆ》れ動くもの」

大村先生「そうですね。芸術そのものに出会った時、私達の心は動きますね。どきどきしたり、わくわくしたり、わーっと感動したり…。心を動かされるものが芸術だとしたら、そして、授業が芸術だとしたら、その授業を受けた子ども達の心は動きますね。揺れるということはどういうことですか？ 心が動くとどんなことが起きますか、私達の中で？ 心が動くとはどういうことでしょう？ みなさんは、心が動くとどうなりますか？」

他の参加者「それを表現したくなる」

大村先生「そうですね」

別の参加者「より感情がこもる」

大村先生「そうですね。ですから本当は、授業を受けた子ども達は、みんなそうならなきゃならないんですよ。

受けた授業が芸術であったら、子ども達の心は動き、それを表現したくてたまらなくなるんです。シュタイナー学校の子ども達が歌を歌ったり、絵を描いたり、工作をしたり、劇をするのは、彼らが芸術そのものである授業を受けて感動し、その感動を表現しているのです。

私達が一生懸命考えて… 死んだ思考というものもあるんですが… 何か行う時は、うんと心が動いた時ではないでしょうか? ただ、じーっと考えているだけでは心は動きませんね。反射的に身体を動かして行為する時も心が動いていませんね。『これはあの人がとても大事にしているものだから、私も大事にしよう』と思ってそうするのは、私達がそれを大事にしているその人の姿に感動した時ですよね。『こんなに素敵な物をいただいて… うれしい! 私もこれと同じ物を作って、あの人にあげよう!』そう思ってプレゼントするのは、いただいた素敵な物と、下さったその方の心に感動したからですね。『あの人がすごく困っているから助けよう』と思うのも、心が動いたからですねえ。

私達が考え、行為することを促《うなが》すのは、みんな心の働きなんです。心が動くから考える、心が動くから行為する… 心が動くことは私達が人間らしく生きるための、実に大きな力なんですね。

人間には「身体」と「心」と「精神」があり、本当の思考とは「真理を認識する」こと。

黒板がないので図が描けませんが… 皆さんとご一緒に、通信講座で『シュタイナーの人間観』を学びました。シュタイナー教育を理解するためには、シュタイナーの人間観を理解することがとても大切なので、もう一度復習しましょう。人間には、『身体』と『心』と『精神』があると学びましたね。『身体』は目に見えますね。手で触《ふ》れることもできます。匂《にお》いをかいだり、聞いたり、味わうこともできます。このことは一目瞭然《りょうぜん》ですね。『心』は見えません。でも、『心』があるということは感じます。怒るとむっとします。恥かしい思いをすると冷や汗をかきます。嬉しいと笑います。しょげると肩を落とします。『心』で感じたことはある程度外に出てきますから、私達は『心』があるということも分かりますね。では、『精神』はどうでしょう?『精神』とはなんでしょう? 皆さん『精神』の働きをどんなふうに感じられますか? そして、皆さんは『精神』の力をどんな時に感じますか? そうですね。皆さんが思考している時、皆さんの内では、『精神』の力が働いていますね。『精神』

の力によって、私達は考えることができます。真に思考するということは、『真理を認識する』ことなんです。その話はまた後でしますね…。

『心』は真ん中にあります。人は昔も今も『心』はここにあると（胸に手を当てながら）思っているでしょう？『胸が痛むわ』とか『嬉しい』とか『悲しいの』と言う時、いつでも私達はここに手を当てますね。頭で思考し、手足を使って行為します。『心』つまり『感情』はその間にあって、『意志』と『思考』をつなぐものなんですよ。頭と手足はつながっていません。その間に胸があります。ですから『思考』と『意志』は直接つながっていませんね。考えただけでは物事は進まないでしょう？『彼女、いつも考えているばかりで行動が伴わないな』とか、『あの人は身体は動くんだけれども、何も考えていないみたい、いつも行き当たりばったりね』と言うことがありませんか？『考えること』と『すること』をつなぐのが『心』なんですね。『うれしい！』と思ったら、私達はこのうれしい状態を続けるためにどうしたらよいか考えますね。そして、考えたことを『する』でしょう？『悲しい』と思ったら、なぜ悲しいのか、どうしたら悲しみから抜け出すことができるか、考えますね。いつまでも悲しい状態にいるのは誰だっていやでしょう？そして、悲しみの原因が分かったら、それを取り除こうと『行為』しますね。

そうなんです。『心』はこんなふうに『思考』と『行為』を促します。それで、『心』はとても大事なんです。

ビデオで見ていただいた『いずみの学校』の授業に関して言えば、子ども達は心が動いた時に…どうしてあんな音が出るんだろう？どうして音は違うんだろう？僕が叩《たた》くとこんな音なのに、あの人がたたくとこんな音が出るのはどうしてだろう？…不思議だと思う心、真理に触れた感動、歓《よろこ》び…それが、子ども達に学ぶことを促すんですね。私達シュタイナー学校の教師はいつもそういう授業をしたいと願っています。

…物理の『音』の授業は、徹底的に音楽と結び付けて教えることが大切である…とシュタイナーは言っています。ですから、シュタイナー学校の教師たちはいろいろ工夫しながらそのような授業をしています。

私がサクラメントのシュタイナー学校でアシスタント教師をしている時に、担任が物理の『音』の授業をしました。サクラメントのシュタイナー学校は大きな学校で、設備も整っています。ハイスクールにはオーケストラもあります。六年生の子ども達はだれでも弦楽器、チェロかヴィオラかヴァイオリンを弾きますが、『いずみの学校』には今、ヴァイオリンがあるだけです。『音』の授業のために、どうしてもチェロとヴィオラが必要でした。それで、私はいろいろ手を尽くして探しました。そうしましたら、隣町の室蘭《むろらん》にアマチュアのオーケストラがあるということを知りました。それで、ようやく知り合いの友人がそこでヴィオラを弾《ひ》いていることが分かって、その方を紹介していただきました。電話をしてお願いしましたら、… 物理の『音』の授業に弦楽器が必要だなんて、おもしろそうね… とおっしゃって、ヴァイオリンとチェロとコントラバスの奏者にも声をかけてくださって、皆さんでいらしてくださったんです。たったふたりの生徒のために！ 本当にありがたかったです！

皆さんもご存知のように、それぞれの楽器から出る音はみんな違うでしょう。子ども達は、本物の演奏を聞いて、それぞれの楽器の音が違うんだということを体験しました。高い音は何かが飛んでゆくように感じ、低い音を聞いた時は身体の中にすごい力が湧《わ》いてきたように感じ、太い音を聞いた時にはゆったりした気持ちになった… そういうことを体験したんですね。それで音に対してとっても興味が湧《わ》きました。そして『どうしてそんなに違う音が出るのかしら?』って不思議に思いました。楽器によって違う音が出るその原因を知りたい、と思いました。そして、それを授業の中で見つけていったんです。

ヴァイオリンとヴィオラとチェロとコントラバスは、形はみんな似ていますね。同じような形をしています。でも、よく見ると大きさが違います。木の厚さが違います。弦の長さが違います。弦の太さが違います。… そういうことを一つひとつ確かめていきました。一つひとつの楽器を鳴らして確かめたんです。そして音は弦を押さえる場所によっても違う、弦の震《ふる》え方によっても違う… 大きくゆっくり震えると低い音が出るし、細かく速く揺《ゆ》れる時は高い音が出るということも、一つひとつ体験して分かりました。子ども達は音の神秘を感じていたようでした。その神秘を解き明かすということが『音』の授業だったんです。わくわくどきどきしました。よーく見て、よーく聞いて、注意深く触って、そうすると子ども達の目の前で、一つひとつの謎《なぞ》が明かされてゆくんです。それは法則であり、真理なのです。そんな子ども達の様子を、少しだけ皆さんに見ていただきました。

さて、今日、皆さんに受けていただいた昭和新山の授業に戻りましょう。本当はこの東京でのスクーリングでは違うことをしようと思っていたんですよ。四月の新学年に入って、私達は気象の勉強を始めました。長い長い冬がようやく終わりかけて、今、北海道ではいたる所で春の音が聞こえてきます。『春が近いよ』、『もうすぐ春が来るよ』ってささやいている声が聞こえます。海の波の音も、山の色も、鳥のさえずりも、みんな春が来ることを教えてくれています。空も…。空の色、雲の色、形、吹く風、みぞれ、雨…それはそれは心が躍《おど》ります。

で、このスクーリングでは、皆さんとご一緒に気象の勉強をしようかなと思っていたんですが、何と、（二〇〇〇年）三月三一日に有珠山《うすざん》が噴火しました。今も噴火は続いています。

三月のはじめに、大阪でスクーリングをしたんですが、その時、昭和新山の話をメインレッスンでしました。有珠山が噴火したので、その隣りにある昭和新山もしょっちゅうテレビに映りますよね。で、大阪のスクーリングを受けた方から…昭和新山の話を聞いたばかりなので、有珠山の噴火をとっても身近に感じます、とか、人ごととは思えません…というお手紙やメールをたくさんいただきました。伊達の町もすっかり有名になりました。以前は『ひびきの村』が伊達市にあると言っても、殆《ほとん》どの方は知らなかったんですけど…。でも、避難されて大変な生活を送っていらっしゃる方々は、本当にお気の毒です。

地理のメインレッスン。「昭和新山」の話、四つのテーマ。

それで、今日もアップデイト（最新）な昭和新山の話をすることにしました。皆さんに受けていただいたのは地理の授業です。皆さん、気がつかれたかしら？ あんな短い時間じゃ無理だったかな？ 昭和新山の話の中にあるテーマが何だったか、お分かりになりましたか？ テーマは四つありました。

一つは自然のありさまを学ぶことです。二つ目は自然の力が、人間が予測できることを超えているということ、そして、自然は人間の力でどうにもならない部分があるということです。三つ目は、そうではあるけれど、人間と自然は共存することもできるんだ、していかなければならないんだ、ということです。そして四つ目は、共存していくためにこそ、私達は自然を深く学ぶことが大切なんだ…この四つのことをテーマにして、三週間の授業を進めました。

勿論《もちろん》、子ども達に…これこれ四つのことがメインレッスンのテーマですよ…なんて言いません。皆さんは思考力を十分に持っている大人ですから、今日した短い話を聞いただけでテーマを理解されたかも知れませんが…。子ども達が…先生はこういうことをテーマにして授業をしたんだな…って感じられることは少ないと思います。高校生になれば分かります。けれど、子ども達は今、頭では分かりませんが、心で感じています。それを、皆さんにも体験していただけたらいいな、と思ったんですが…どうだったかしら?

昭和新山の噴火では三松正夫さん 有珠山では岡田弘さんに学ぶ…

火山や自然について深く学び、理解することができれば、私達は自然や火山とも共生していくことができるということを、身をもって教えてくれた人が、三松《みまつ》正夫さんという方だったんですね。ありがたいことに、今度有珠山が噴火した時にも、三松さんのような方がいらっしゃいました。…私だけが話してしまってますね。後で皆さん是非お話しくださいね…皆さんもテレビのニュースで、一度や二度彼の姿を御覧になっているかと思いますが、北海道大学の岡田弘教授のお話をお聞きになったことがありますか? 有珠山噴火対策本部の中心メンバーとして活躍していらっしゃる方です。私はあの方の様子やお話を伺《うかが》っていて、いつもとっても感動しています。

岡田さんは、どんな時にもご自分の考えに強い確信を持って断言なさいます。…過去はこうだった、今はこういう状態で、だから一〜二週間のうちにはこうなる可能性がある、その時には私達はこうしなければならない…と、いつも言い切ります。ですから…まだ避難を続けてください…とか、…明日一時間だけ家に帰って必要な物を取ってきていいですよ…と断言なさいます。…どうでしょうかね? ああでしょうかね? こう思いますよ、こうなるんじゃないでしょうか…というふうには決しておっしゃいません。日本の政治家のような曖昧《あいまい》な言葉は使わないんです。(笑) できる限り正確で詳しいデータを集め、それに基づいて結論を出す、そして決断なさるんですね。学問というのは、ある意味では、正確なデータをどうやって集めるか、そしてそのデータをどうやって読むか、ということを学ぶことでもありますね。

岡田さんは、正確でより詳しいデータをご自分で集める力をお持ちなのでしょうね。そして、長い間努力して、データを読む能力を培《つちか》っていらしたのでしょう。ご自分の見解にとても確信を持っていて、そしてご自身の見解を私達にストレートに伝えてくださいます。決して曖昧《あいまい》にせずご自分の見解を伝えるというのは、よほどの覚悟がないとできないことだと思うんですよ。… 一～二週間のうちに大爆発が起きる可能性がある… ということを断言されるということは、これは大変なことでしょう。『もし、噴火が起きなかったら、どう責任をとるんだ』ということが必ず問題になります。そんな恐ろしいことは誰も言いたがりません。でも、彼はご自分の職を賭《か》けるような危険を犯してまで、私達のために、私達の安全を守るために、データに基づいて出された彼自身の見解を示してくださいました。

有珠山の噴火は、結果的には彼が予測した規模よりもずっと小さなものでした。ただ、その間のプロセスを、毎日説明してくださっていましたから、みんなが理解できました。データを見せたって、経緯を説明したって素人には分からないんだから… という態度はとられませんでした。いつでも、知っている限り、分かっている限りのデータを、分かり易く話してくださいましたね。そういう岡田さんに感動したのは私だけではないと思います。ですから、彼が予測したような大爆発が起こらなかったけれど、『なんだ、予測がはずれたじゃないか！』と彼を非難する声が全然聞かれませんでしたもの。

岡田さんから、ご自分が得た情報を正確に伝え、そこから予測し得ることを断言する、そして、その予測がはずれた場合は、ご自分で全責任を負う、という覚悟を持っていらっしゃることが伝わってきました。世の中に大変なことが起きた時には、必ずこういう方が現れて、私達を助けてくださったり、私達の生活を支えてくださったり、あるいは私達の在り方を押し上げてくださるんですね。昭和新山が噴火した時には三松正夫さんという方が現れました。今度は岡田弘さんがそうでした。ずっーと歴史を遡《さかのぼ》ると、何か事が起きた時には必ずそういう方が一人ふたり現れて、私達を支えてくれるということに、皆さんもきっと気が付いていらっしゃると思います。

昭和新山が爆発したその前後に、三松正夫さんは本当にご自分をなげうって村人のために尽くしました。噴火が近い、活発に地下活動を続けている昭和新山に出掛けて、何度死ぬような危険な目にあったかしれません。それでも、彼は山に出掛けて観察することを止めませんでした。だれに頼まれたのでもありません。そんなことをしても誰に感謝されるわけでもありません。その間、彼のふたりの息子さんは戦場にかり出されて、結局おふたりとも戦死されました。その知らせを受けた時にも、三松さんは昭和新山に出かけて観察を続けました。三松さんはそういう方でした。

あの方がいたからこそ、あの方が観察を続けてくださったからこそ、正確なデータが残ったのです。そして、その記録が、今度の有珠山の爆発を予測するためにどれだけ力になったことでしょう。こういう方たちの真摯《しんし》な努力や奉仕によって、私達は生かされているんですね。彼らの一番の望みは、自然と人間が共に生きていくことです。自然の持つ力を人間が思うままに利用することではありません。私は子ども達と一緒に、彼らの生き方に感動し、感謝し、彼らに倣《なら》いたい、彼らに続きたいと思います。子ども達が心からそう思えるような授業をしたいと思いました。子ども達は学んでくれたと思いますよ。

子ども達が心から感動できる授業をすれば「学びたい」という衝動を呼び起こす力となる。

七年生くらいになると、十分わかりますね。有珠山の爆発があった時、岡田弘さんがそういう存在として私達の前に立っていてくださるということを、七年生の奥田岳史君は分かっていました。先日、伊達市の市民ホールで、岡田さんの講演があったので、七年生の岳史君と六年生の圭介君を連れて聞きに行きました。子ども達は確実に学んでいます。こうして学んでいくことによって、自分はどういう時に、どういうことをしたらいいのかが分かってくると思います。つまり、真摯《しんし》に学ぶと、学んだことによって確信を持つことができます。そして自分の責任においてそれを世界に示すことができます。そうして初めて世界のために役立つことができます。こういう人と出会うことによって、学ぶことがどんなに大切であるか、子ども達は分かるようになり、それが、子ども達の内で『学びたい』という衝動を呼び起こす力になります。こういう子どもを育てて、次々と世の中に送り出すことができたら、確かな世の中になるんじゃないかなと思うんですよ。そう確信して私は仕事をしています。

こんなことを言いながら、私自身はなかなか覚悟ができません。できないのでいつもぴーぴー言っています。ですから、こうやって皆さんにお話ししながら、また自分の中で覚悟を決めていこうとしているんです。昭和新山はそういう考えで行った授業でした。

メインレッスンの内容については、これくらいでいいでしょうか？　教室の外に出て、いろいろなことをしました。例えば、昭和新山に測量に行ったり、スケッチをしました。三松さんは、毎日同じ場所で、同じ時間に昭和新山を観察してスケッチしていました。戦時中のことでカメラもなかったし…御存じですか？　戦時中はやたらと写真を撮ってはいけなかったんですよ。そんなことをしたら、すぐにスパイだと思われたそうです。ですから自由にカメラも使えなかったんですね。それで三松さんはスケッチしながら毎日変化してゆく山の様子を克明に記録していました。昭和新山は四〇〇メートル近く隆起《りゅうき》したんですよ。三松さんが観察して作ったグラフは『三松ダイアグラム』と名付けられて、その後、ストックホルムの火山学会でとても評価されたそうです。いろいろな本に載《の》っています。

御質問はありますか。私ばかり話していたので眠くなったでしょう？　私、いつもはもう少し元気な声なんですけれど、今日は風邪を引いてしまって…。今年の冬は一度も風邪をひかなかったので、春先は注意しようと思っていたんですけど、暖かくなって気がゆるんでしまったのか、あるいは春くらいは休まないといけないと、身体が思ったのか、春になってから少し具合が悪くなりました。学校で授業をしている時はとっても元気なんですけどね。休むことなんてないんですよ。自慢じゃないけれど…自慢していますね。（笑）シュタイナー・カレッジで仕事をしていた時も、一度も病気で休んだことがなかったんです。そのくらい元気だったのに、なぜか今日はこんなでして、ごめんなさいね。もうちょっと元気に話しましょう！

子ども達が元気がない時や、騒がしいとき、集中していない時によくするんですよ」（リズムをつけて手を叩《たた》いたり、机を叩いたり、身体のあちこちを叩く。そのどんどん変わっていく動作を、参加者が真似していく）

大村先生「元気になりましたか？　皆さんも勉強会やら、講演会やらいろいろおやりになるでしょう？　そんな時に試してみてください。きっとみんな目が覚めますよ。

シュタイナー学校の先生たちは、あまり大きな声を出して『こうしなさい』とか『ああしなさい』とは言いません。そういうことを言わないでこんなことをしますね。シュタイナー学校の先生方はシュタイナーに学んで、人間の本性を深く理解しているのでしょうね。

子どもに何か伝えたい時には、子どもが聞く用意ができるまで待つ。

私達が眠っている時は、呼吸がとてもゆっくりになっているでしょう。静かにゆったりしている時にもゆっくり呼吸していますね。眠る時、静かにしている時にはそれでいいんですけれど、起きていなければならない時にはそれでは困りますね。起きて活動している時には、呼吸は速いですね。ですから、呼吸を速めるような動作をすればよい訳です。

もうひとつとても大事なことで、皆さんにお伝えしたいと朝からずっと思っていることがあります。私、忘れっぽくって、後で… なんて思っていると大抵《たいてい》忘れてしまうので、忘れないうちにお話ししますね。当たり前のことなんです。でもとっても基本的なことですから、皆さんも勿論《もちろん》ご存じだと思いますが…。

『子どもに何か伝えたい時には、子どもが聞く用意ができるまで待つ』ということです。たとえば、クラスで子ども達が何か作業をしていますね、それが終わって次のことに移る時に、先生は子ども達に『次はこうしましょう』とか『次にこうしてください』と言いますね。次にすることを指示します。その時、子ども達が話をしていたり、歩き回っていたり、まだ前の作業が終わっていない子がいてガヤガヤしていることがありますね。そういう時にいくら強い調子で話しても、必ず聞いていない子がいるでしょう？ ほとんどの子どもが聞いていないかもしれません。あるいは聞いていても、間違えたり…。家でもそんなことはありますでしょう？ 子どもが何か夢中になっている時に、待ちきれなくて、お父さんやお母さんが『こうしなさい』『ああして』なんて言うことがありますね。私もそうでした。…『ちっとも私の言うことを聞かない』とか、『聞いているんだかいないんだか！』とか、『返事をしたのに違うことをやって！』なんて怒っていました。いいんですよ、今日は。（午前中、間違えてメインレッスン・ブックの全面に絵を描いた方に向かって）よかったんですよ、あなたがいてくださったので、私達は気づいたのですから。ありがとう！ あ

なたは今日そのために来てくださったのね。(笑)
　それはともかく、子ども達が聞いてない、間違える時は、多くの場合私達の方に原因がありますね。子どもが落ちついて聞く用意ができていない時に言っても、耳に入りませんものね。私達大人だってそうですよね。保育園や幼稚園でもそうでしょう？　…　子どもが聞く用意ができているかどうか確かめてから、それを伝える…当たり前のことですけど、気が付くと私はよく忘れています。そして、『ちゃんと聞いていないんだから…』って怒っています。子どもは用意が出来ていたら、必ず聞きます。必ず伝わります。時には時間がかかることがあるかもしれないし、時には忍耐が必要でしょう。自分が計画していたようには進まないこともあります。計画していたことの半分もできないこともあります。
　でも、どうでしょう。子どもが聞いていなくて、何度も繰《く》り返したり、違うことをしてしまった子どもを叱《しか》ったり、騒いだり、泣いたり…　そんなことになるよりも、一つひとつ確かめながら、半分でも確実にしていった方が、ビービー、ギャーギャー言いながらするよりもずっといいでしょう？　子どもも幸せ！　あなたも幸せ！　ああ、よかった！」

いつも一緒に考え、学ぶ、大村先生。(2月東京会場にて)

2月の東京会場で。質疑応答。

家庭でできるシュタイナー教育は本当に簡単なことなんです。

大村先生「…家庭でできるシュタイナー教育…なんて、本当にこういう簡単なことなんですよ。別にこれはシュタイナー教育と呼べるものじゃありませんねえ。たまたま私がシュタイナー学校で教えていて、私から聞いたことを皆さんがご家庭でなさる…私はシュタイナー学校でこういうことをしていますよ、ご家庭でもどうですか、と言うから…家庭でできるシュタイナー教育…というタイトルになりますが…。

こんなことは誰でも知っている、当たり前のことなんですね。ですから、大きな声で…家庭でできるシュタイナー教育…ですよ、なんて言えませんね。でも、シュタイナー学校ではそういう当たり前のこと、小さなことに本当に気をつけています。問題の殆んどの原因は子どものせいではありません、私達が子ども達の本性を理解して、その本性に添《そ》った教育をすれば、子どもは必要なことを学び、成長することができるのです。

シュタイナー教育が、人間の本性に根ざしたもの、と言われるのはそのことなんですね。子どもに伝えたいことは、子どもが聞く用意ができた時、あるいは聞きたいと思っている時、その時に伝えたら、きちんと伝わるでしょう。子どもに限らず、人間はみんなそうですよね。心がとても感動した時に、ああ知りたい！　ああやってみたい！　と思うでしょう？　子ども達がそういう学び方ができるようにしていく、それはまったく人間の本性に添っていますね。ですから、シュタイナー教育はちっとも難しくはないんです。

私ばかりが話していると、また皆さんが眠くなって、バンバンやらなきゃならなくなるので、今のところまでいかがですか、ご質問はありますか？」

参加者「メインレッスンで今日、私達が聞いたようなお話というのは、メインレッスンのたびに同じお話を何回も聞くんですか」

大村先生「テーマは同じです。でも話は毎日続きますから、内容は違いますね」

参加者「分かりました。それから、そのメインレッスンを通して、測量とかいろいろそのテーマから出てくる学びがありましたが、その場合、どういうふうにやっていこうかということを、今の普通の小学校だったら、子ども達が調べてとか、ということもありますよね、図書館に行ったりどこかに行ったり。そういうふうに――先生が今日は測量だからこれでやりましょうみたいな感じで授業を持っていくんでしょうか」

大村先生「三週間なら三週間のメインレッスンの日程を立てますね。その中に測量をするという項目も入っています。そのために、さっきも言いましたが、『自分たちで測量してみたい』とか、『こういうことをはっきりさせるために、これを測量したい』という動機が子ども達の中に生まれるような授業をします。勿論、私が『今日はこうしましょう』とか『今日はあれをします』と言うことが全然ないわけではありません。けれども、その三週間のメインレッスンのスケジュールを立てる時、これを子ども達に学んでもらいたいと思うことがありますから、子ども達の内でそれを学びたいという動機や願いが生まれるように努力します。それが高学年の子ども達を教える時に、もっとも大切なことのひとつだと私は考えています。私が教えたいことを押しつけるのではなく、子ども達が心から学びたい、知りたい、と思うように促すこと… 何度も繰り返しますが、それは子ども達が感動した時なんですね。

　私が仕事をしている『シュタイナーいずみの学校』は、この四月（二〇〇〇年）から生徒が五人になったんですよ。去年の2.5倍です！　私のクラスが六年生と七年生のふたり、ふたりだけですから、楽は楽なんです。大体ふたりが同じペースで学んでいますから…。これが十五人、二〇人いたら、やはりそれぞれの感じ方も、学ぶペースが違いますからね。そこをどうするかということがこれからの大きな課題になると思います。（二〇〇一年には二九人になりました）

　今はふたりですから、それが自分の動機になっていなくても、もうひとりの子が『知りたい』という強い動機を持ったら、それを尊重して、一緒に学ぼうとします。たとえば、『先生、こういうことをこうしたらこうなるよ！』とか、『こんなふうにもできるね、きっと』とひとりの子どもが言う時があります。そんな時、もうひとりの子はそれほど強く感動しなかった、そんなに知りたいとも思っていなくても、ふたりは仲良しで、お互いに尊敬していますから、『うん、それはいいね』『そうしよう！』と言います。ですから今はうまくいっています。これから先、子どもがふえたらどうなるか分かりません。でも、こうして子どもが少ない時に、私が教師として原則や本質を大切にするということを、徹底的に学ばせてもらっているんだと思います。ありがたいことです」

参加者「授業が芸術でなくてはいけないという考え方で授業をされると結局、先生自身がどういうことにも心を動かされていなくてはいけないということでしょうね」

大村先生「そうですね」

参加者「そうすると、授業というのは先生によってやり方も何も全部違うわけですか」

大村先生「違いますね」

参加者「例えば、一年生ではこのくらいのことを教える、このくらいのことというのはやっていないのかもしれませんけれども、そういうテーマというのは例えば音なら音とか、いくつか持っていらっしゃるんですか」

大村先生「シュタイナー自身がびしっとしたカリキュラム表をつくってくれたわけではないんですが、世界で初めてシュタイナー学校が始められる時に、シュタイナー自身がシュタイナー学校の先生になりたいと希望した人のために、三週間集中講義をしました。朝昼晩と。その講義は『教育の基礎としての一般人間学』（筑摩書房刊・高橋巖訳）と『教育芸術1方法論と教授法、2演習とカリキュラム』（筑摩書房刊・高橋巖訳）という本にまとめられています。私達はバイブルのように何度も何度も繰《く》り返し読んでいる本なのですが。素晴らしい講義です。講義を受けた人たちとのやり取りやQ&Aなどもあって。で、その方達はその時に受けた講義を基にして、教えたんですよ。すごいですねえ、たった三週間学んだだけで！

指導要領も教科書もない…
すべてが一人ひとりの先生の努力に…

初めてシュタイナー学校がスタートしてから百年近く、正確には八七年経ちました。今、世界に八〇〇ぐらいのシュタイナー学校があります。そこで実践されている先生達がカリキュラム表を作ってくださいました。

一年生から一二年生まで、理科、社会、物理、化学、生物、地理、歴史、園芸、音楽、絵画等々… すべての科目について。それからそれぞれの科目についてご自分が実践なさったことを本に書き残してくださった方もいます。日本語に訳されているものは少ないんですが、私達はそういう本を頼りに、勉強しています。

ただ、本を読んでも実際に教えるとなると難しいですねえ。すべてのことを自分で調べ、自分で考え、体験し、工夫して… 指導要領や教科書がありませんから、すべてが一人ひとりの先生の努力にかかっています。

ですから、私達は町の図書館に行っていろいろ調べますよ。よく他の先生に言われるんですが… さっきのテレビのインタビューの中でも話していましたが… 特別教科の先生方も、メインレッスンに関連付けて教えますでしょう、ですから、彼らも調べたり勉強しなきゃなりません。けど、私は徹底して調べものをするタイプですから、図書館に行って、『音』なら『音』に関するあらゆる本を探して、図書館の大きな机にこーんなに山積みにしてね、勉強するんです。後から来た先生方が『遅かったか!』『祐子さんの後に来ちゃしょうがないなー』って、呆《あき》れています。(笑) それぐらい勉強しないと、授業はできません。本当に!

でも、楽しいですよ、とっても! 今世界に出会いつつある子ども達に、私の世界観を伝えるわけですからねえ。私の責任は重大です。でも、自分が興味を持てないことや自分の心が震えないことは教えられません。自分が心から伝えたい、子ども達と共有したいと思っていることだけが伝わります。ですから子どもが学ばなければならない多くのことに、私達は、心から興味を持つ必要があるのです。そうでないことを教えなければならない公立の先生方はとてもつらい思いをなさっていると思います。私はこういう性格なので、世の中のほとんどのことに興味があります。ですから、シュタイナー学校の先生をしていられるのかなと思っています。あまり、物事に興味がない人が先生をしていたら大変だと思います。

…こんなことでいいですか?」

参加者「子どもによって、いろいろな進み方があると思うんですね。それも先生が見ながら、自分との関係でやっているんですか」

大村先生「そうですね、それが理想的ですね。子どもの数が多いと、なかなか難しいでしょうねえ。私のクラスは今ふたりですから。…そうですね…サクラメントで教えていた時は…ひとりのためにクラスの子ども達を待たせておくことが必要な場合や、そうした方が良いと判断した時はそうしていました。でも、いつもいつもそこに止まるということは、子どもの本性に反しているので、それはしないようにしていましたね。

さっき、芸術表現の授業というのがありましたでしょう。皆さんはメインレッスン・ブックに絵を描いてくださいましたが、ああいう時に、その子の傍《かたわら》について、その子が分からなかったことを教えるとか、遅れている作業を手伝うというふうにしていました。それでも間に合わない時には、放課後残ってしていましたね。シュタイナー学校の子ども達は二カ国語を勉強しているんですけど、私の息子は英語がよく分からなかったので、ドイツ語を免除していただいて、その時間にメインレッスンで分からなかったところを教えていただいていました」

運動会や発表会……
何のために、誰のためにするの？

参加者「保育所の保育士なんですが、運動会とか発表会とか、そういうことがあるんです。シュタイナー教育ではそれをどのようにとらえて、どのような形で表現されているんですか」

大村先生「発表会というのは何のためにあるかということを考えたらいいと思いますよ。いったい発表会は誰のためにしているのかしら？　大人に見せるためかしら？　子どものためなんでしょうかねえ？　子ども達が自分たちの勉強したことを、子ども達同士見せ合うのかな？　どういう発表会をしているんですか」

参加者「保育園で、私は発表会なんて大人に見せるためのものだと反対したら、三歳を過ぎたら人前で表現したい欲求が出てくるよと。私は最後の最後に、もう反論できなかったんです。それでなんとなく園長先生とか賛成している先生達とうまくいかなくなってしまって…」

大村先生「大人に見せるために発表会をするとしたら、それは教育の目的ではありませんね。そんなことはしなくていいと思います。普段よりいいものを見せたいと思って、発表会に向けて練習をすることは全然必要のないことですね。それは人から良く評価されるためでしょう？　良い評価を得るために努力をするということを子どもに押し付けていますよね。それは私達の目標としていることと違いますね」

参加者「三〜四歳になると、子どもが表現したいという欲求が出てくるものだといわれて…。子どものためとおっしゃった方がいたということです。それは何か大人のためだけじゃないのと言ったら、結構周りの人たちは子どもがそう言うならやるしかないだろうし、運動会とかもみんなが見てくれると子どもは楽しくなるんだという人もいて…」

大村先生「そうですか。子どもは誰かに見せるために歌ったり踊ったりするでしょうかねえ？　子どもが歌う時は嬉しい時でしょう？　心がうきうきしたり、わくわくする時に子ども達の身体は自然に動き出しますね。それが踊っているように見えるんでしょう？　大好きなお父さんやお母さん、おじいちゃんやおばあちゃんといたら自然に歌い出したり、踊り出すのでしょう？　ひとりで歌ったり踊ったりしている時、大人がそれに気が付いて、もう一度歌ってとか、踊って見せて、と言うとたいてい恥ずかしがってしまいませんよね。練習して、知らない大人に見せたいなんて、そんなこと子どもが思うのかしら？　全然思っていないと思いますよ。とんでもないことだと私は思いますけどねえ」

別の参加者「でも、私は私自身が、うまく言えないけれども、私はすごく楽しみにしています」

大村先生「そうですか」

参加者「珍しいですか」

大村先生「いえ、人はそれぞれ違いますからねえ。いろいろな方がいらっしゃいますものねえ。良かったですね、こうやって一緒に勉強すると、違う考え方も分かって、ね。自分はこう思っていたけど、他の人は違うんだ、いろんなふうに感じる人がいるんだねって、自分が思っていることがたったひとつの正しい考えではなかったんだな、って思いますものね」

参加者「心が動くと表現したくなるのは順序があると思うんですけれども、みんなに拍手してもらえるからとか、誉《ほ》められるから、それがうれしいから表現するというのと、こういうことが楽しくて楽しくて見せたいと思うというのは意味が逆のような気がするんですね。そういった点で、発表会を子どもが楽しみにしているというよりも、発表会の何が楽しみなのかということを、ちゃんと考えないといけないかなという気がするんです」

大村先生「そうですね」

参加者「ひと昔前の教育を私も受けていて、そのまま信じてはいけないんです。それは日本の場合は、跳《と》び箱とかリレーとか。そういうひとつの年齢に合わせての到達点というか、いろいろありますね。そういう運動的なことはどのように捉《とら》えているんですか」

大村先生「発表会について、もう一度考えましょうか？いろいろな意見が出されましたが、子どもが普段していることを練習して、それを発表したいと思っているわけはないというのが、私の考えです。大人がさせたいんだとわたしは思っています。一方ではそうではない考え方があって、その方々は、三〜四歳になると子どもはみんなの前で発表したいという意欲が出てくるのだ、ということですね。もし、本当にそういう子どもがいるとしたら、その子どもは本来的な在り方とは違うと思います。一生懸命練習して大人に見てもらいたい、しかも舞台の上で… そんなこと本当に子どもが心から思っているでしょうか？　見られると子どもは照れて止めますよ。隠れますよ。見たことを怒る子どももいますよ。

子どもが本当に何を喜び、何を嫌がるか、ということは子どもを見ていたら分かると思うんですがねえ。子どもは心が動いた時に、自然に表現します。だれが強い《し》なくても… それが子どもの本性です。私はそれを大事にしたいと思います。いつも子どもといたら、わざわざ舞台の上の子どもを見なくても、子どもが歌ったり踊ったりするのを見ることができるでしょう？　私の考えは変わりません。ただ、お父さんお母さんが喜ぶと、それが嬉しくて何回も何回も子どもは繰り返し歌ったり、踊ったりすることもありますね。家でそういうことがあれば、それで十分ではありませんか？

『子どもがこんなことまでできるようになって！　先

生のおかげです』なんて保母さんや先生が感謝されたり、父母に誉《ほ》められるためにするのだったら、これは本当に言語道断《ごんごどうだん》です。人の評価を得るために、子どもに何かさせるということを、私はしたくありません。昔はそうではなかったんですけどね、人に誉《ほ》められることが大好きでした。…私のことはどうでもいいんですが…。（笑）

発表会を子どもが歓《よろこ》ぶというのは、人が大勢集まっている、わいわいしている、なにか普段とは違う…というお祝いの気分を楽しんでいるのだと思います。

それから、目標を決めてそれに到達することを喜びとする、ということをおっしゃったのかしら？　子どもが自分で目標を決めて、それに向かって努力しようと考えるようになるのは、もっともっと先のことですね。小学校三、四年生くらい、つまり自我が芽生える頃からでしょう。幼児はいわば、夢の中にいるような状態なんですよ。皆さんは夢の中で何か目標を立てて努力しようなんて思いますか？　幼児にそんなことをさせたら、目覚めるばかりです。運動のことですが、毎日毎日、十分に身体を動かして遊んでいたら、特別に運動なんてさせる必要はありません」

シュタイナー学校の発表会の目的は、自分が学んでいることを分かち合うこと。

大村先生「発表会のことでもう少し、いいですか？　シュタイナー学校では全然そんなことをしないのか、というとそうではありません。同じようなことをします。矛盾《むじゅん》しているように聞こえますね？　でも、目的が違うんです。どんなことをしているかといいますと、一週間に一度、子ども達みんなが集まって、自分が学んでいることを分かち合います。練習しているヴァイオリンを弾《ひ》いて聞いてもらったり、メインレッスンで唱《とな》えている詩を聞いてもらったり、歌を歌ったり、リコーダーを吹いたり…。そのために練習はしません。今学んでいることを、他のクラスの子ども達や先生方と分かち合うのです。それは練習して、発表することとは全然違うと思いますね。

あと、どのクラスも一年の学びの集大成として劇をします。一年生は一年生なりの、四年生はその年のテーマであるギリシャ文化から、神話の中の劇を、というように…。それは練習します。父母にも衣装や舞台装置や照明を手伝ってもらいます。子ども達は演劇をすることによって、学んで得たことのすべてをそこに注ぎ込むことができます。ですから、シュタイナー学校では、演劇はとても大事なものとして考えられているんですよ。

『いずみの学校』でもしています。今言ったことの他に、私達なりの考えがありまして…。『いずみの学校』はたくさんの方の力に支えられています。その方達はシュタイナー学校で行われている授業を見たいと思っていらっしゃいます。でも授業は子どものためにするのであって、自分たちが見るためのものじゃない、ということも分かっていらっしゃいます。それで、見たいという思いを断念していらっしゃいます。子ども達のために…。一年に一度、子ども達が学ぶ姿を見ていただきたいのです。『いずみの学校』を支えてくださっている方々に、子ども達も含めて、私達の感謝の気持をそういう形で受け取っていただいています。子ども達とも話をしました。父母とも話をしました。本心では『嫌だな』って思っている子どももいると思いますが、そういう子どもも一緒に…支えてくださっている方々へのプレゼントです」

参加者「七年生ぐらいだったら、日本で言えば中学一年生ですね」

大村先生「そうですね」

クラブ活動、運動部……何のためにするのでしょう?

参加者「日本だと、中学になると、いろいろなクラブ活動が出てくるんですが、運動する…。そういうことはどのようにしているんですか」

大村先生「あのー、クラブ活動というのは何のためにするんでしょうか? 足りないのかしら、学校でする勉強が? 朝八時半ぐらいから三時半ぐらいまでしているのに…。何のためにクラブ活動をするんでしょうね?」

参加者「授業が三時半終了です。その後、本当にやめろって息子にも言うのに、帰ってこないで部活をしていますけれども、おかしいですよね」

大村先生「子どもはすごく疲れているでしょう? これは私の考えですので、そう思って聞いてください。私の長男は公立の中学に行きました。彼も部活をしていました。バスケットが好きで、毎日毎日遅くまで練習をしていましたね。私は、学校の先生方は子どもを信用していないんじゃないかしら、子どもを忙しくさせておけば疲れて悪いことはしないだろう、そう思ってこんなに朝から晩まで凄《すご》い練習をさせてるのかしら、って本気でそう考えた程です。後で先生の口から、まさにその言葉を聞きました。やっぱりそうだったのか、と…。だって、毎日夜遅くなるまで帰ってこないでしょう。土日も練習するでしょう。家族と一緒にいる時間もないし、本を読む時間もないし、どこかへ出かける時間もないし、ひとりでぼーっとしている時間もないんですもの！　全然人間らしくなくて、私もやめたらどうって始終言っていましたけれども、本人がバスケットが好きで続けていました。

私、中学からクラブ活動を廃止する運動をしようと本気で考えたことがあったんですよ。諸悪の根元だと思っていました。子どもは自分の自由意志でしているわけではないんです。だって必ず部活をしなければいけない、って言われているんですから…。それでも続かない子がいるでしょう？　そういう子は先生には呼び出されて注意を受けるし、同級生達には『帰宅部』といって馬鹿にされて…。それが嫌だったら続けるしかないですよね。勿論、あなたのお子さんやうちの子のように、好きでしている子どももいます。でも、私はあのやり方は良くないと思っていました。もっと人間らしい暮らし方ができるような活動の仕方があると思っています。『しごき』というのは嫌いです。脅《おど》して、怖がらせて何かをさせるのは教育ではありません。学校で、教師は教育以外のことをしてはいけないと、私は考えています。それに、自分で自分の時間を自由に使うという、子どもの権利を損《そこ》なってはいけないとも考えています。

何か日本の学校の悪口を言っているようかしら？　ごめんなさいね、皆さん努力なさっているんですけどねえ」

参加者「息子は、中学校時代に陸上部でやっていましたけれども、毎日毎日の練習、朝練、放課後とそれから試合。私も最初は本当に何なんだろうこれは、と思いました。でも、私からみて、結果としては、息子にとってはとてもいい体験だったと思うんです。というのは、やはり今の公立の教育では、授業の中でそういう芸術的な環境とか、ということはほとんどないんですね。ほとんど知識の詰《つ》め込みで、息子はその陸上部で、何か自分にできないものに立ち向かっているのがちょうど思春期の時に必要のある――息子の場合には自分が記録を伸ばす、中・長距離をやっていたんですけれども、気の合う仲間がいて、同じことを努力していて、ともにやっていくという主体的にもかかわるようなものになっていて、息子のためにはなっていたと思います。なかなか何かに挑戦して、そしてそれを乗り越えていくという体験というのがなかったので、いい経験になりましたね」

大村先生「そうですね」

参加者「子どもの自由意志だと思います」

大村先生「そうですね。そんなふうに子どもの自由意志でできたらいいですね」

別の参加者「ちょっと時代は古いですけれども、週に一コマだけは正規の授業で、中身は具体的にもありましたけれども、それ以外の課外部活は入りたい人がいたら入る。だから、週に一コマでも束縛《そくばく》されると言えば、そこは自由時間以内に、なので、それは自由意志だと思います」

大村先生「そうですね」

他の参加者「今の日本の学校の部活とか必修クラブの現状は今すごく過渡期で、変わってきつつあると思います。ある地方では、もう部活はなくなって、町の中の小学生から中学、大人まで、町の中にいろいろな同好会のような感じで、どこにでも学校も何も関係なく入れるようにしたというすごく画期的な町もあれば、部活は全員参加、絶対。それで必修クラブで週一回というのは、たぶん私の年齢ぐらいにはそういう制度に選択肢なんてなかった

んです。でも、先生の都合によっては必修クラブと部活は兼ねているので、部活は絶対入りましょうという中学校もあれば、私は仙台から来ているんですけれども、仙台市の中でも、もう今年から部活はやめましたというところもあるし、一〜二年のうちにやめますというところも学もあるし、もういろいろですよ。東京都でも、話によれば、もう部活はやめた、それによってお父さん、お母さんは子どもの行き場がなくて、とても困るんだけれどもと言う人がいるという話も聞くので、一概にはもう言えなくなった時代が来つつあるし、先生たちも負担なので…」

大村先生「そうですか。よかったですね。ありがとうございました。変わってきているんですね。では、次に進みたいと思いますので、部活に関してはあなたが最後でよろしいですか?」

参加者「大体、同じようなので結構です…」

スポーツは意志の活動、芸術は心の活動、意志、感情、思考の力をバランスよく。

大村先生「同じだったら、いいですか? 部活に関して、何か違う考えをお持ちの方がいらっしゃいましたらお話しください。

中学生時代は思考の力が生まれてくる時ですから、自分で考えて自分で決めることができるような環境を作ってあげるのが良いと思いますよ。どうでしょう? 一概には言えないと思いますが、一般的にスポーツの部活がとても盛んで、あまり文化部は盛んではないんじゃありませんか? むしろ、ないがしろにされている… 私の経験ではね、そうじゃないと良いなと思いますね。運動部も文化部も同じように大切にして、十分考えた上で活動できるように、先生方がそんなふうにしてくださったらいいですね。

スポーツをすることは意志の活動ですね。芸術は心の活動でしょう。スポーツばかりしていると、思考や感情が育ちにくくなりますね。芸術だけやっていても意志や思考の力が育ちませんし… 意志と感情と思考の三つの力をバランス良く育てるためには何でもした方がいいんですね。

シュタイナー学校では、一年を通じて四季それぞれにいろいろなことをしています。演劇をしたり、コンサートツアーをしたり、スポーツは冬になるとバスケット、春になると野球、秋になるとサッカーをします。こんなふうにやっています。一年中ひとつのことだけやり続けるということはありません。いろいろなことをして、いろいろな能力を磨《みが》くんです。勿論、全部やる必要もありませんし、そんな子は少ないですよ。のんびり過ごす時も必要でしょう。

それぞれ自分が必要だと思う時、それをしたいと心から思う時に、自分で選んでしています。うちの次男はハイスクールに入ったら、三つのスポーツを全部するということを目標にしたんだそうです。知らないうちに自分でそんな目標をつくっちゃって…それは後で聞いたんですけどね。全部やり続けていましたよ、四年間ずーっと。彼はもともとスポーツは得意じゃなかったんです。だから、そう決めたんでしょう。スポーツを楽しいと思ってできるようになりたい、楽しめるようになりたかったんだ、と言っていましたから。

『通信講座』にも書きましたが、彼はひとつの才能に秀《ひい》でている子ではありません。平凡な子なんです。平凡な子は平凡なりに、自分のポジションを分かっているんでしょうね。何をやってもヒーローにはなりませんでした。バスケットも凄《すご》く上手な子がいました。いろいろな大学から勧誘されるくらい凄い子がいたんです。で、息子はサッカーではゴールキーパーを、野球ではキャッチャーをしていましたね。地味でも要《かなめ》のポジションについていました。彼がグラウンドに出てくると、わーっと盛り上がる…なんてことはあまりありませんでした。でも、本人は自分のことをちゃんと分かっていて、そんなふうにしていましたね。シュタイナー学校ではみんなそうなんですよ、うちの息子だけでなく、そういう子が多かったですね。自分のことを分かっている子が…。その上で時には能力以上のことに挑戦してみたり…。

ちょっと話が逸《そ》れてしまいましたが、シュタイナー学校では授業以外の活動はこんなようにしていました。それと季節の行事も多かったですね。いいでしょうか？

メインレッスンからどんどん離れてしまっていますが、いいですか？」

言葉の持つ力に子ども達は学ぶ。詩を朗々と唱えることも良い訓練です。

大村先生「メインレッスンに戻りましょうね。

私が今日皆さんとご一緒に体験したいと考えていたことがもうひとつあって、それは言葉の持つ力を体験することでした。それを体験していただきたいと思っていました。私、今こうして話していますが、本当に私の話す一つひとつの言葉に力があったらいいなと思うんですよ。さっきも言いましたが、もし私達大人が話す一つひとつの言葉に意味があって、一つひとつの言葉が力を持っていたら、子ども達は言葉が持つ意味と力をちゃんと受け取って、大事なことをしっかり学んでいくと思います。気がついてみると、必要のないことをぺらぺらしゃべっていて…私のことですよ。（笑）

気を付けてはいるんですけどね、それでも気が付くと本当に意味のないことをよく話しています。一日中意識していることは難しいので、朝起きた時に、『今日一日、話すことばを強く意識しよう。意味のあることだけを話そう』と心に思います。それで、日中はどうしているかと言いますと、今から誰かと話をするという時に、…この人と話している間は、絶対に必要のないことは話さないようにする…というふうに決めます。ミーティングに出る時は、『自分の本当に感じていることだけ』『本当に考えていることだけ』を話そう、と決めます。よく考えずにぺらぺらとしゃべるのだけは止めたいと思っています。

一週間に一回でも二回でも三回でも、こういうふうに訓練していけば、少しずつ言葉に力がつくはずです。ただ…ああ言葉に力があったらなあ…なんて思っているだけでは、いつまで経ってもそうはなりませんね。棚からぼた餅《もち》は落ちてきません。とにかくすること、何か願ったら、そのために何か決めてすること。一か月に一度でも、一年に一度でもしたら、それだけの力がつくんですよ。考えているだけじゃだめです。ああだこうだと迷ってばかりいてもだめです。あ、迷っても構いません。でも一〇〇回迷ったらその後一回はする…それだけでも違います。何かひとつ決めておやりになったらいいと思います。ご自分にとって今一番必要だと思うことを。

これも通信講座にも書いたことなので、重複してしまいますが、シュタイナー学校ではよく詩を唱《とな》えます。お祈りもします。皆さんもシュタイナー学校の子ども達が毎朝唱えるあの詩を、毎日一回声を出して唱えてみたらどうでしょう？　とても良い訓練になると思いますよ。ひとつだけでも…。この中にも、もうしていらっしゃる方がいると思いますが、ひとつでも自分の気に入った詩を朗々《ろうろう》と唱えることができたら、気持ちがいいですよ！　とても楽しいです。そんなことだけでも、生きていることがとてもうれしい、生きていることがとても楽しい、と感じられます。私は感じます。

きのうも今日も来てくださった方は、二日間でたくさんのことを学んで、家に帰って、いったい何から始めたらいいのかしら？　と思っていらっしゃいますか？　今日一日お出でになった方もそうでしょうか？　もしそうでしたら、今日家に帰ってから、幼稚園の部でした朝の祈りでもいいし、今朝唱えた詩でもいいですから、それをこの一週間のうちに覚えて、毎日唱えるということをなさったらいかがですか？　何かひとつだけでもね…折角《せっかく》ここにいらしてくださったんですから、何かひとつ、決めておやりくださいな。考えてくださいね。お帰りになるまでに決めてくださいますか？

あと何をしましたっけ？　…そう、九九《くく》のエクスサイズをしましたね。あれは気持ちよかったでしょう！　リズムに合わせて身体を動かすのはとても気持ちのいいものですね。…ごめんなさい、私押し付けていますね。気持ちよかったですか？　気持ち悪かったら是非そう言ってくださいね」（笑）

参加者「難しかったです」

大村先生「難しかったですね。何が難しかったですか？」

参加者「初めの一、二、三とやればいいんだとか、四、五、六をやればいいんだと、ちょっと追いつかなくなってしまうんですね。九九でやらなきゃだめだなと思うと、頭を使って、特に逆に来る時というのはやはり頭を使って使って間に合わないというのが私にとっては緊張でした」

大村先生「そうでしたか。よかったですね、そういう体験ができて…。一生懸命、三×一が三、三×二が六、三×三が九と頭の中でおっしゃったんですね。私も初めてシュタイナー学校でした時にはすぐにはできませんでしたよ。懸命になって覚えました。子どもの頃は三一（サンイチ）が三、三二（サンニ）が六、三三（サザン）が九というように覚えたでしょう。ですから、すぐに三、六、九、一二、一五とは出てこなかったんです。しかも、英語でしょう。逆に戻ってくる時は本当に大変でした。で、ずーっと続けているうちに、逆に戻る時は身体も後ろに戻るとやり易いんだということが分かりました。身体ごと後戻りをすると簡単にできるようになりました。難しかったとお話しくださった方はなぜ難しいと感じたのですか？　難しいということはどういうことなんでしょうね？」

参加者「集中する…」

大村先生「そう、集中しますね。で、なぜ難しかったですか？」

参加者「あまりやらない…」

大村先生「やったことがないからですねえ、後ろに戻るなんていうのは…。九九の掛け算を後ろからしたことはありますか？」

参加者「最近は、子ども達がやって覚えさせられるのは、逆のパーフェクトな九九なんです」

大村先生「小学校で？　それは大したものですね」

参加者「すごく大変そうなんですけれども…」

九九の練習を、逆に戻る唱え方にすると パターン化を防いで、思考を柔軟にする…。

大村先生「そう。そうなんですよ。これは人間の思考力に柔軟性をつけるためにとてもいい訓練なんです。私達の思考は、常に先へ先へと進んでいますね。皆さんはさっきの休み時間に何を考えていらっしゃいましたか？　これが終わったら早く荷物をまとめて、急いで駅に行かなくちゃ！　何時の電車に乗れるかしら？　電車を下りたら駅前のスーパーに寄って夕飯の材料を買って…。そうそう、もしかしたら彼が子どもと一緒に買い物してくれたかも知れないから、その前に電話して確かめたほうがいいかもしれないわ…　こうして、ああして…と、皆さんの考えは先へ先へと進んでいましたでしょう？　勿論、過去のことを思い出すこともあります。お昼に食べた定食は今いちだったわ、隣の人が食べてたうどんの方がずっとおいしそうだった、失敗したなあ（笑）…そう考えている人もいるかもしれませんが、私達は普通、過ぎたことを考えるより、先のことを考える方が遙《はる》かに多いと思いますよ。どうぞ、ご自分で確かめてください。これはリニアシンキングと呼ばれていて、人間の思考の

九九のエクスサイズ。「3」のリズムを動く。

パターンなんですね。

私達は前へ進むことがいいことだと思っているんですね、無意識に…。人間は大体、自分が良いと思っているからしている、ということが殆《ほとん》どですね。勿論、無意識にですよ。そんなふうに無意識に先へ先へと向かって行く思考をしていると、思考がパターン化してしまいます。ですから、九九を練習する時でさえ、逆に戻る唱え方ができないんです。難しかったですね。

私達はいつでも前を向いているから、いつも同じもののしか目に入らないんですね。そして、どんどんパターン化してしまうんですね。そして、たまに違う考え方をする人に出会うと、反感を感じます。そういうパターン化を防いで思考を柔軟にするために、そしてありとあらゆる考え方や感じ方、生き方を受け入れることができるようになるためにも、あれはとても良い訓練なんですよ。ぜひおやりくださいね」

参加者「自分が普通の九九だけ覚えて、それで何の支障もないのに、どうしてそういう逆に覚えさせているのか、かわいそうと思っていたんですけれども、今のお話でそれはよかったんだなと思って、自分もやってみようと…」

大村先生「そうなんです。難しいということは、普段自分がしていないこと、できないこと、慣れていないこと、嫌だと思っていること、嫌いなこと… 大体そうでしょう？ それをやってみるのはとてもいいことですね。

通信講座の一年目に、ゲーテの自然観察によるエクスサイズをしましたね。二年目は、シュタイナーの自己認識のエクスサイズをしようと思っています。その中にこれと同じようなエクスサイズがあります。… 自分の性格の全く反対をする… というエクスサイズです。自分がいつも何気なくしていること、無意識に言っている言葉… それは、自分の性格に依《よ》るものですね。私達はそれを良いと思っているからしているんですが、このエクスサイズは、… 自分が毎日何気なくしていることと対局にあることをする、無意識に言っている言葉まったく反対の言葉を言う… そういう訓練なんです。通信講座に書きますから、楽しみにしていてください。おもしろいですよ。それができるようになると、なんか、自分の幅が広がったように感じるものです。是非、ご一緒にいたしましょうね。

この九九の練習も、お友達が何人か集まった時や、勉強会をした時にみんなでなさってみるといいですよ。本当に笑っちゃうでしょう？ できなくて！ 動作も皆さんで考えて好きなようになさればいいんですから…。楽しんでください。

シュタイナー学校の生徒は、絵を描いたり歌を歌ったり、そういうことばかりして、ちっとも勉強らしい勉強はしていないと、本気で思っていらっしゃる方がいるようで、よく言われるんですが… ええと、何を言おうとしたんだったかしら？」（笑）

参加者「シュタイナー学校の子ども達は勉強するんですよという話です」

シュタイナー学校の子ども達は計算もすごく上手、暗算が得意。

大村先生「ええ、そうそう。シュタイナー学校の子ども達は計算もすごく上手です。暗算が得意なんです。先生と一緒に毎朝、いろいろなエクスサイズをしますが、暗算もします。

足し算、引き算、掛け算、割り算、全部入れた計算を、次々に暗算で答えを出していきます。日本の学校でそれをすることが今はどう変わっているか分かりませんが、私が小学生だったころには、算数はまず足し算、引き算を覚えて、それから九九を暗記して、掛け算、割り算というふうにしていきました。けれど、シュタイナー学校では全部一度に教えます。お話をしてね。楽しいお話を聞きながら勉強します。だから、みんなできるようになるんじゃないかしら?

私は割り算が苦手だったんですよ。足し算や引き算や掛け算をさんざんやって、それから割り算を一番最後にしたから、嫌になっちゃったんじゃないかなと思っているんですけど…。それはともかく…シュタイナー学校の子ども達は、足し算も引き算も掛け算も割り算も、みーんな同じようにできます。五年生ぐらいになると、先生がぱっぱっぱっと問題をだすと、ぱっぱっぱと答えます。もう、びっくりしました。私はできません。暗算が苦手です。105÷35、+28、−19、×53… こんなふうに子ども達は次から次へ問題を出されても、どんどん手を挙《あ》げて答えるんです。シュタイナー学校の子ども達は歌ばかり歌っているわけじゃありません。ああいう九九の練習で培《つちか》った力が高学年になると暗算できる力にどんどん変わっていきます。

次に詩の話をしましょうか? 私が詩を選ぶ時は、さっきあなたがおっしゃってくださったように、(参加者のひとりに向かって)私が心から感動した詩を選びます。毎日毎日、私自身が口ずさみたいと思う、大好きな詩を選びます。勿論、子どもが今唱《とな》えるに相応《ふさわ》しい詩ですよ。… 東京はもうとっくに春が終わってしまったんですねえ… さっきこのみさんも言っていましたが、北海道は今ようやく春が来かかっていて、やっと木瓜《ぼけ》のつぼみのさきっぽが赤くなってきました。ですから、春の詩は私達の今の気持ちにぴったりなんです。毎日心を込めて唱えています。さっきも言いましたが、心を込めると、言葉が持っている力が溢《あふ》れ出てきます。力が漲《みなぎ》ります。言葉それ自身が元来力を持っているのですから、私達がその力を感じて、その言葉を口にすれば、力が湧き出てきます。そんなふうに詩を唱えられるといいですね」

参加者「今の学校だと、いろいろな子ども達が集まっていて、落ちつかない、わーっという中で、先生の話を聞けない。そうなってしまっている子に対して、どんなふうに接したらもっと普通の状態で話を聞いたり、いろいろ感じたりすることができるようになるんでしょうか」

大村先生「教室に、わーわー怒鳴《どな》っている子どもがたくさんいる、って言っても、やはり子どもは一人ひとりですよね。よーく見たら、この子は驚いた時に大きな声を出す、嫌なことがあった時に出す、この子は嬉しい時、この子は退屈した時… というように一人ひとり、きっと違うでしょう。それからこの子はよく歩き回わる、この子は人にちょっかいを出す、この子はものを投げる、この子はすぐ泣く、この子はキレル… というふうに違いますよね… 勿論、同じようなことをする子どももいるでしょう… で、一人ひとり違う子どもをひとまとめにして、何とかしようと思ったら、誰が考えても大変なことだと思いますね。よほど力のある先生だったらできるかもしれませんが…。

もし私がそういうクラスの担任だったら、同僚に手伝ってもらおうと思います。私が考えているのは… 理想的で机上《きじょう》の空論《くうろん》と思われるかも知れませんが… そんな状態になっている三〇何人もの生徒をひとりの先生でなんとかできませんでしょう、きっと。一人ひとりの生徒に向き合わなくてはなんともできないと思います。

落ち着かない子どもは呼吸が浅い。深い呼吸とリズムのエクスサイズを。

例えば、いつも地に足が付いていない感じで、気持ちがふわふわしている子がいますね。そういう子には、真っ直ぐ立って、こういうふうに（右足を右に広げ、同時に両手を肩の位置に広げる… 手のひらは下に向ける… 次に左足を左に広げ、手のひらを上に向けて両手を肩の少し上に広げる）。これは今朝、皆さんとご一緒にしたエクスサイズですが、覚えていらっしゃいますか？ こんな簡単なことだけでも、両足にしっかり力が入るでしょう？ そういうことを毎日させます。それから、落ち着かない子どもはたいてい呼吸が浅いので、深く呼吸をするエクスサイズもします。それから、リズムのエクスサイズをします。落ち着きのない子どもや、集中力のない子ども、持続力のない子どもにとって、一定のリズムを保つことはとても大切なことなんですよ。それから、意志が発達していない子どもには、後ろ向きに歩くエクスサイズをします。先生が唱える詩に合わせて、前に行ったり後ろに下がったり…。さっきの掛け算の九九を反対に戻る練習をした時、皆さんはうーんと集中して、強い意志を働かさなければできない、って気が付きましたねえ。これは、意志の訓練にとてもいいんですよ。

……今朝大切なことを忘れちゃった！　体操しませんでしたね？　私は毎朝子ども達としているんですが……。

一人ひとりの子どもが何を必要としているか…子ども子ども達が荒れるということは、私達にサインを送っているということですからねえ。私達はそのサインが何を意味しているか理解しなければなりません。ひとりで判断できないこともあるでしょう。そういう時は、同僚に頼んで、授業に出てもらって観察してもらったらいいと思いますよ。

そういうことをシュタイナー学校でもしています。経験の浅い先生には必ず経験のある先生が付きます。ベテランの先生が授業に出て観察してくださって、その後、いろいろアドヴァイスしてくださいます。特別な問題がなくても、一週間に一度は指導を受けます。最近、日本でも担任をふたりにしたり、アシスタントを付けていますねえ。とても良いことだと思いますよ。

通常の授業の中では、子ども達一人ひとりに必要な、特別な指導ができなかったら、その子どもに特に今は早過ぎるとか、難しくて理解できないだろうと思われる授業の時に、クラスから離れて特別にその子どもだけに必要なことをすることもできるでしょう。サクラメントのシュタイナー学校には、学ぶことが困難な子どもを指導するために、特別な先生がいました。勿論、担任がすることもあります。さっきも言いましたが、たとえば、私の息子は英語の力がありませんでしたので、外国語二カ国語のうちのドイツ語の授業を受けず、その時間に特別な英語のレッスンを受けていました。算数が苦手な子ども、集中できない子ども、学習が全般に遅れている子ども…シュタイナー学校にもいろいろな困難を抱えている子どもがいました。学習困難に近い子どももいましたよ。

通信講座第1期第1号に書いたノア・ステーリー以外にも、学習困難な子どものために、特別教科の先生方や医者やカウンセラーとチームを組んで治癒《ちゆ》教育をしたこともあります。時間がないので今日は詳しくは話せませんが、機会があったらまた話しますね。

家でお父さんやお母さんと一緒にできるエクスサイズもありますから、それは家でしてもらうようにします。ともかく学級崩壊の状態になったら、担任ひとりの力では及ばないでしょう。学校中の先生が心を合わせて働かなければ… それと家庭ですね。お父さんお母さん、おじいさんおばあさん、子どもの周りにいるみんなが心を合わせたら、必ず良くなりますよ！」

参加者「そこまで行かなくても、割りともう…、私は生徒を呼び捨てにするのは嫌いなんですけれども、そういうふうにしなければ、なめられるという感じになるんですよ。結局、力とか言葉でわーっと押えないと好き放題、こちらを人間として認めないというか…。その中で、心があって通い合うとか、みんなでというのはすごく難しい…」

学級崩壊状態に対してはとにかく子どもひとりずつと向きあうこと。

大村先生「難しいでしょうね。本当に難しいと思いますよ。それでもとにかくひとりずつ向き合って、その子どもに必要なことをするというのは、最も基本的なひとつの方法だと思いますね。それから、芸術活動をすることもとても力になります。… そんな状態では殆《ほとん》ど勉強なんかできないでしょう？ ですから、先生が計画したように授業を進めることは殆ど、無理だと思いますよ。あるいは、文部省の指導要綱にあるとおりに進めようなんて、そんな状態ではできませんね。ですからそれはあきらめて、本当に子ども達の力になるもの、その時に子ども達が必要としていること、子ども達が落ちつくために必要なことをするんだと、覚悟するしかないと思います。頭を切り換えてしまったらどうでしょうね。歌を歌ったり、絵を描いたり… すぐ暴力をふるうような子どもに絵を描かせたら、夢中になって…、なんていうこともあります。それからフォームドローイングがとてもいいんですね。楽器を演奏する、歌を歌うとか… 芸術活動をしてみたらどうでしょうか？ それも駄目なら、遊ぶことです。毎日毎日、遊ぶんです、みんなで… 遊ぶのさえ億劫《おっくう》がる子どももいるでしょうけど、教室の中で、机を前にして勉強するよりは好きでしょう！ ひたすら遊んで、遊んで…、それで、子ども達が落ち着いた、と話してくださった先生がいました。公立小学校の先生です。万策つきてもう遊ぶしかないか、遊ばせちゃえ！ と思ったんだそうです。その前は、ご自分の考えで『ああしよう』『こうしよう』として、そのとおりにならないと怒ったりがっかりしていたんですって。でも、子ども達の状態は悪くなるばかりで、もうどうしようもなくなって、そんなに教室に入るのがいやなら、ずっと外にいさせてやろう、と思ったんですって。毎日毎日思う存分遊んだら、子ども達はだんだんすっきりした顔になって、ある日、『教室に入ろうか?』って言ってみたら、『うん』と言って、みんな入ってきたそうですよ」

権威というのは、この人のようになりたい、倣いたい…と心から信頼できる存在。

参加者「今の話で思ったんですけれども、シュタイナー学校の先生の教え方というのはちょっとしたさじ加減だと思うんです。転んだ時、子どもはこうしたらこういう態度ですよと、具体的にこういうふうにとか、――今のお話も、圧力ばかりかけるのは嫌だなと私は思うけれども、ある場面で先生が立っているだけで権威を感じさせる場面というか、怖い顔をしないといけないという感じがあって、何か権威を超える――あまり大きな声で怒る、そんなのはいけないとか言われるけれども、やはり教育の中でどう演出をしていらっしゃるのか、何かコツみたいなものとかはないんですか」

大村先生「コツですか」

参加者「コツ、だと思うんですよ。私も自分なりにしてみたんですけども、権威ってなんでしょうね」

大村先生「うちの下の息子が小さい時に、大人が『このコツは』とか、『このコツが分かったらね』と話しているのを聞いていて、コツ屋さんというお店があると思っていたんです。私達がそんな話をしていたら『じゃあ、コツ屋さんに行って買ってきたらいいじゃない!』と言ったことがありました」

参加者「かわいい」(笑)

大村先生「本当にコツ屋さんがあって、いろいろなコツを売ってたらいいですね、あのコツ、このコツってね。それはともかく、権威というのはコツじゃないんですね。きっと言葉の綾《あや》でおっしゃったんだと思うんですが…。権威って何だと思いますか? 皆さんが権威を感じる時はどんな時ですか?」

参加者「すごいなという…」

大村先生「すごいなというのは何でしょう」

参加者「自分にはできないことをやったりとか、やっている時とか、何かわからなくて困っていることがあった時に道筋をつけてくれたりとか、自分には持っていないものを持っていると思った時、その人をすごいなと…」

大村先生「そうですね」

参加者「そのこと自体が本当にそうであるか、あるのかどうかもわからないけれども、圧倒的な力で自分が押されているような時に権威を感じます」

他の参加者「さっき言った北海道大学の岡田先生のような存在は、本当の権威がありますよね」

大村先生「そうですね、岡田教授は私の権威です、今。本当にあの方のように生きたいと、テレビで見るたびに思います。伊達の町で彼を見かけることがあるんですが、もうドキドキしちゃって！（笑）風邪をひいてなよなよになっても、『岡田さんも徹夜して頑張っているんだ』と思って、のこのこ起きあがることがあります。私には、この年になってもそういう権威となる方が何人かいるんですよ。ありがたいことです。

私が考えている権威というのは…この人のようになりたい、この人が言っていることを聞いていたらこのようになれるんだ、この人がしているようにしていたらいつかこの人のようになれるんだ…と心から信頼する存在です。ですから、その人が冗談を言っても、泣いても、失敗しても、怒っても、どんな時でも私にとっては権威なんですね。

あなたには、どなたかそういう方はいらっしゃいませんか」

参加者「います」

大村先生「そうですか、よかったですね。じゃあ、その方に倣《なら》えばいいんです。こんな時に、あの方だったらどういうふうに言うだろう？　こういうことに対して、あの方はどんなふうに感じるだろう？　ああいう時に、あの方だったら人にどう向き合うだろう？　と…。いつもその方を見て、その方のするようにする、権威とはそういう存在ですよね。よかったですね、そういう方がいらして！

でしたら、何も問題はないんじゃありませんか？　権威として存在する方がいたらこういう時にはこうかしら？　ああいう時にはああかしら？　というように迷わなくなると思いますよ。いえ、迷っちゃいけない訳ではないんですよ。迷う必要のある時には迷ったらいいんです。ただ、権威になる人は確固たる世界観を持っていますから、世界に対して、或《あ》いは人に対して、いつでも基本的な態度がありますね。世界や人に向き合う態度が決まっていて、状況によってあれこれ迷うということがありませんね。

ですから、あなたにとって権威となる存在があるのなら、その方をまっすぐ見て生きていかれたらどうですか？　そうなさったら、あなたも子どもさんの権威になれますよ」

参加者「子どもが通っていた幼稚園で見たことなんですけれども、外に出かけていても子ども達がすごく落ちついていて、幼稚園児なのに、例えば電車に一時間ぐらい乗って上野の科学館に行ったり、いろいろな鑑賞会があっても、わりと話をしっかり聞いていられるとか、とても落ちついているんですね。それで、どうしてそこはそういうふうにできるのかな、と不思議な気がしていたんですけれども、ある時に子どもがやはり静かにしていられなくなると、他の先生とかが、静かにしない子どもをぱっと指差すと、先生はそこに飛んで行って、すごく指をぐいっと曲げて、何か首の根っこを捕まえるような感じで、静かにしなさいということをあらわしていたので、ちょっと恐怖感を感じて…。すごくかわいがっている ので、子ども達はちゃんとついてきているし、先生をすごく信頼しているし、楽しい雰囲気ではあるんですね。けれども、そういう場面を見て、小さい時にそれでいいのかと…。ほかの場面でも、例えば実験をしていて、ゆで卵がゆでられて上に上《あ》がっていって、何か化学の実験みたいなものをしていたんですね」

大村先生「幼稚園で?」

参加者「はい。普通の幼稚園なんです。実験をしているときに、それを見てキャーと声を出した子がいたんですね、感動して。そうしたら先生が、だれ、今騒いだのはと言ったので、とにかくすごく厳粛《げんしゅく》にするのを求めたり、ということを気にしますね。でも、静かにする時はちゃんと静かにしなければいけないというのを非常に厳しく求めていらしたところで、そういうのはシュタイナー幼稚園では子ども達に静かに聞く耳を持つとか、静かにしてないといけないところでは静かにするとか、そういうことを教えるには、どのように教えているんですか。それとも、そういう場面を、静かにしなければいけないという場面に子どもを連れて行かないようにするとか、そういうふうに思っていらっしゃるのか、どうなのかなと」

大村先生「子ども達が静かにしているのは恐怖からでしょうかね」

参加者「少し騒いだり、ちょっと周りを走り回ったりする子がいて、そこに行って静かに、とまず言うんだったら納得できたんですけれども、いきなりそこで先生が飛んで行って…」

大村先生「指を指《さ》すんですね」

参加者「ここに先生が来た、こういう感じで、まず手をたたく。みたいな感じだったんですね。それは幼児に接する態度としては——口で言っても収まらないということもあって、行動に出た方が手っ取り早いというふうに私は思ったんですけれども、ちょっと嫌な気持ちもあったんですね」

大村先生「そうですね。それは私がされても嫌な気持ちになるでしょうねえ」

別の参加者「私の子は小学校の二年生なんですけれども、

私の子どもが通《かよ》っていた幼稚園も静かなんですね。周りの幼稚園から比べても特別そこが静かだから、皆さんがよく聞くから通《かよ》っているわけではなくて、いろいろなお子さんのタイプが来るのに、皆さん、静かに話させている――カトリックなんですが、お話を聞く時はお御堂《み》、教会に入るんですね。何かおごそかな雰囲気とちゃんとお話が聞けるという雰囲気があるし、決して先ほどおっしゃった方のようなそういう強引なことは一切なくて、何でも静かに話をしてわかってもらうという理論で、そういうことで子どもはちゃんと、静かでいられるということを体験しました」

参加者「親が見ているところでは、そういった場面というのはないんですけれども…」

大村先生「どうやって見たんですか」

参加者「ちょっといたりして、後ろから見てしまったみたいな…。だから、なぜこんなに肝心《かんじん》な時にでもいい子にしていられるのかな、というのがちょっと不思議だったんですけれども」

私は子どもの心の奥底にある琴線に触れる授業をしたい……

大村先生「今お聞きしながら、私はどうしていたかな、と考えていたんですが…。シュタイナー教育は子どもの本性に合った教え方をするというのが基本です。ただそれだけです。で、子どもが静かにしている時はどういう時でしょう？　とっても興味があることに出会った時、知りたいと心の底から思う時、面白くてたまらない時、心がわくわくする時、そんな時は『静かにして！』なんて言わなくても、子どもは黙って聞いているでしょう？　その反対に、子どもが落ち着かない時、騒がしい時、人の話を聞かない時はどんな時でしょう？　おもしろくない、興味がない、話が長過ぎる、分からない…時、子ども達は静かにしていませんね。声が小さくて言っていることが聞こえない時も、子どもは騒ぎますね。

ただ、私はね、子どもの表面的な興味を引くために、おもしろおかしい話をする必要は全然ないと思っているんですよ。私はいつでも子どもの心の奥底にある琴線《きんせん》に触れる授業をしたいと考えています。子ども達が本当に心の底から楽しい、すばらしいと感じる授業、子ども達の心の中にある、正義を守るんだ、守らなくちゃ、という気持ちを呼び起こす授業、子ども達の心の中にある悪を憎む気持ちを奮いたたせる…そういう授業をしたら、子ども達は聞いています。もし子ども達が聞かなかったら、それは私の授業が彼らの琴線に触れるような内容ではないということですね」

心が踊る、心がうきうきする そんな時、子どもは静かにしていますよね。

大村先生「心が踊る、心がうきうきする、そんな時は子どもは聞いています。静かにしていますね。でも、いつでもそうしている必要はないでしょう？ きのうリズムのことを話しましたが、子ども達の内にはリズムがあります。内側にぐーっと向かっていく力と、外にばーっと広がっていく力がありますね。呼吸がそうですね。心臓の動きもそうでしょう？ ぎゅっと収縮して、ぱっと広がる…その繰り返しが心臓の動きですね。私達はだれでもそのリズムの中で生きています。子ども達もそうです。ですから、子ども達が持っているリズムを生かす、あるいは子どものリズムをもっともっと生き生きとさせるような幼稚園と学校のあり方を考えたら良いと思います。

私達自身もリズムのある生活をすればいいんですね。不規則な生活を長く続けていると必ず病気になります。忙しくてめちゃめちゃな生活をしているととても疲れ易くて、いらいらして、不健康になりませんか？ そういう経験はありませんか？」

参加者「だから、変に騒いだりとか、静かにしていなくてはいけない時に、静かにできないのが子どもの自然な姿かなと感じました。気持ち次第で、感情的に高ぶっていくときは高ぶるだろうし、おもしろいことがある時ははしゃぐと思うんですよ。そういうコントロールが効《き》かない状態になった時に周りの保護者とか保育士が、どういう態度をとるかというところから、本当に静かにしなければいけないというのはわかるんですけれども。それを言葉で教えてあげた方がいいのではないかなとも思うんです。やはり小さい子にとってはぐっと手を引っ張られること、後ろから引っ張られるということはすごく恐怖だと思うんですね、それも先生から。けれども、それでぴたっとおとなしくなったので、そういう方法がずっと続いているんだと思うんです。ただ静かにしなければいけない時に静かにする、静かにさせる子どもを増やしていく、完璧主義みたいなものを感じるので、シュタイナー幼稚園では大事な人とかお客様が来られるとか、静かにする必要を感じる時に、ひとりかふたりの子どもだと思うんですけれども、はしゃいだりとか騒ぐ子どもがいた時に、どういうふうに教えてあげたりとか聞いてあげているのかなと思って…」

大村先生「幼稚園ではどうでしょうね、『こどもの園』には先生がふたりいますから、どうしてもうるさくしてしょうがないとか、いつまでもはしゃぎまわっている、なんていう時、このみさん、どうしていますか？　そんな時には、みんながいるところから離れて、違う部屋に連れて行ってしばらくの間抱いて静かに歌を歌ってあげるとか、小さな声でお話ししてあげるとか…　そんなふうにしていますね。学校ではどうでしょう？　良いお天気で、お日様がピカピカ光っていて、気持ちの良い風が窓から吹き込んできて、楽しげな鳥の声が聞こえて…そんな時は、だれでも心がうきうきしますね。特に北海道は冬が長いから、春が来るともう、家の中にはいられません。一年の大きなリズムで言えば、『動』の時期、『広がる』時です。そんな時に、長々と机の前に座ってはいられないでしょう？　そんな時には思い切って外に出ます。授業も、学校生活もいつでも臨機応変にしたいですね。一日のリズム、一週間のリズム、一か月の、季節の、一年の…　それぞれのリズムに合わせて、そして、子ども達一人ひとりのリズムを大切にして…。

　子ども達がどうしても静かにしなければならない時って、どんな時でしょう？　お客さまが見えた時でしょうか？」

参加者「幼稚園で特別、だれかが来たから静かにしなければならないということはないと思うんですけれども…」

大村先生「どうなんでしょうかねえ」

参加者「病院とか、お話を聞く時とか、子どもの気分の中で、静かにしていると気持ちがいいという時間の時は静かですけれども、そういう調子でできない子どもに対しては…」

別の参加者「シュタイナーの勉強をされている方のお話を伺《うかが》ったんですけれども、子どもの筋肉はしなやかで軽いから、じっとしていると疲れてしまう。だから、体を動かすことで、子どもはより疲れないんだとおっしゃっていて、だから例えばどこかへ行くから静かにしていてほしいという時は、その前にとにかくいっぱい体を動かさせて、あーっと落ちるリズムの時に静かなところへ連れて行ってあげるというのが、うまく付き合っていくコツですよ、みたいなことをおっしゃっていたので、それはいいなと思って…」

大村先生「十分遊ばせるんですね。もうぐったりするまで…。これもコツですね。やはり、コツ屋さんてあるんですね。（笑）とにかく、それもこれもみんな子どものリズムに則《のっと》るということですね。子どもは騒がしくするのは、私達が子どものリズムに反することをさせている時ではないでしょうか。

子どもが静かにしていたい時に、『元気に外で遊びなさい！』と言って無理矢理外に出されたり、うんと身体を動かしたい時に、『家の中で静かに遊びなさい』と言われたり…毎日そんなことが繰り返されると、子どもはだんだんリズムを失ってしまいます。めちゃくちゃになりますね。今、リズムを持っていない子どもが多いのは、朝はいつまでも寝ていて、夜は大人と一緒に遅くまで起きている…そんな生活をしているからではないかと思います。それから、私達が子どもをよく見ていなくて、子どものリズムと反対のことをさせていることが多い、ということも大きな原因でしょうねえ。

あとはどうしても静かにしてもらいたい時には、いっぱい遊ばせてぐったりさせる、というのも良い方法だと思いますね。こういう具体的なことはとっても助けになりますね。今日のスクーリングで学んだ中で一番よかったことかもしれませんね」（笑）

参加者「ぐったりしているというと何か悪いイメージがあって、でも両方といいますか、すごく体を動かす遊びをした後は細かいことをしたくなるし、細かいことをして指や頭が疲れる時は体を動かしたく感じる。たぶん、それはありますね」

大村先生「そうですね」

参加者「やはり、シュタイナー幼稚園ではないから、卒園式とか、みんなで人形劇を見る時とか、この子たちにはまだ無理だけれども、保育園でそう言っているんだから静かにさせないといけない。そういう時は事前にやはり動性の遊びをして行こうかなと。そうすると、別にぐったりしているわけではなくて、体を動かして遊んだ後は、そういうお話とかを喜んで聞けるので」

納得してうなずき、熱心にメモを取る…。男性も最前列で。

大村先生「そうですね」

参加者「ぐったりという表現は誤解してしまう…？」

大村先生「ごめんなさい、ぐったりというのは冗談のつもりだったんですけど…冗談に聞こえませんでしたか？（笑）そうですか。気をつけますね。（笑）

では、少し休憩しましょう。五分だけ休憩して、戻って来てください」

＜休憩＞

多血質《たけっしつ》、胆汁質《たんじゅうしつ》、粘液質《ねんえきしつ》、憂鬱質《ゆううつしつ》
自分の気質が何であるか…

大村先生「忘れるといけませんので、はじめに気質の話をしましょう。今朝、まわりの方たちと挨拶をしていただきましたね。それからまる一日、ご一緒に勉強してきました。皆さんとたくさんお話しされた方もいましたでしょう？　それで、この方はこんな気質なんだってお分りになった方、手を上げてくださいますか？　こんなことを言ったら失礼かしら？　って思う方は無理しなくてもいいんですよ。(笑)(受講者のひとりに向かって)お分かりになりました？」

参加者「自分のことは分かるんですけれど」

大村先生「他の方の気質は分かりませんでしたか？　いろんなチャンスがありましたね。机を運んだ時とか、絵を描いた時とか、身体を動かした時とか…」

参加者「お隣りの方は、多血質《たけつ》と胆汁《たんじゅう》質の方かなと」

大村先生「そうですか？　差し障《さわ》りのありそうな方はいいですよ、本当に。(笑)(手を挙げた方に)はい、どうぞ」

参加者「お隣りの方は多血質かなと」

大村先生「そうですか？　皆さん、ご自分のことはわかっていらっしゃいますか？」

参加者「だいたい。ちょっと」

他の参加者「いろいろ混ざっています」

大村先生「もちろん、多かれ少なかれ四つみんな持っていますからねえ。こんな時にはこういう気質、あんな時にはあんな気質というふうに状況によって違う気質が出ることもあるでしょう。でも、やはり大人としては、自分の気質が何であるか分かっている必要があると思いますよ。自分の気質が分かっていなかったら…　通信講座にも書きましたけれど…（第1期第4号）教師は子どもの気質に合わせて自分の気質を変えて接しなければなりません。どんな場合でも、自分の気質をそのまま押しつけてはいけないんです。本当の教育者であったら、まず子どもの在り方に添ってあげますねえ、そうすれば子どもが感じていることや考えていることを、同じように感じ考えることが出来ます。そうすれば子どもは安心します。

それから子どもに『こうも出来るんじゃない？』『こういうふうにも考えられると思うわよ』と、違う視点を示してあげたらいいんですね。そうすると、子どもはひとつの気質に縛《しば》られたり、支配されることから自由になれます。そして突出している気質が調和してゆきます。実際、ひとつの気質が突出していると苦しいですからね。勿論それも子ども達が生まれる前に選んだことなのですよ。私達も…。気質を調和のあるものにするということが、精神の進化につながるひとつの道でしょう、きっと。

ですから、大人としては自分の気質が分かることはとっても大事です。…私はこんな時にこういうことをした、あんな時にはあんなことを感じた、こんなことも言ったなあ、というふうに、自分をよーく観察するとだんだんに分かってゆきます。

それから、人のすることや話すこと、様子を見て、私もそうだなとか、私も同じようなことをするな、同じようなこともありますね。よーく人を観察し、その人の気質を理解しようとする時、自分と照らし合わせて分かることもあります。自分の子どもや、周りにいる子ども達の気質も、分かったらいいですね。先生でしたら、是非是非、子ども達の気質を分かるよう努力してください。

今、私こんなことを言っていますが、前にも書きましたように、私は気質を理解することが苦手だったんですよ。そして気質のことをよく理解していなかった時は、気性の激しい子どもをただ困ったなあと思ったり、のんびりしている子どもを見て、どうしてこの子は何をするにもこんなに時間がかかるんだろうと思ったり、めそめそ泣いてばかりいてしょうがないわね、なんて思っていました。いつもいつも自分を基準にして、この子はだめだとか、嫌とか好きとか思っていたんですね。でも、気質を勉強してからは、この子はこういう気質なんだ、だからこういうふうにしているんだ、と思えるようになりました。そして、だったらまずこのまま受け入れなくちゃ…と考えられるようになったんですよ。…しょうがないな…ではいけないんですけど、正直に言ったら…この子の気質なんだからしょうがない、と思うことから始まりました。

人を理解するためにはいろいろな道がありますが、気質によって理解するということも、とても大事なことだと思います。少なくとも私に私自身を他人に押しつけるということを諦《あき》めさせる、止めさせる力になりました。

気質を理解したら、相手に対して今まで以上に愛が深くなります。

私達は今朝からずっと一緒にいますから、お隣りの方をよく見ていて、ある程度はその方の気質が分かったと思いますが、いかがですか？　勿論、気質が分かったからと言って、それだけで、『ああ、この人は胆汁質《たんじゅうしつ》だから話してもしょうがない』と突き放したり、『この子は粘液質《ねんえきしつ》で何をしても遅いから頼むの止めましょう』と言って相手にしない、ということではないんです。どうぞ、誤解なさらないでください。気質を理解したら、相手に対して今まで以上に愛が深くなります。今まで以上に人を思いやることが出来ます。今まで以上に人を大切に思います。私にとって、気質を理解するということはそういうことでした。どうぞ、考えてください。そして、皆さんのお子さんや、周りにいる方々をよーく見て、気質を理解するようになさってください。そして、そのことによって皆さんの思いがどんなふうに変わるか、是非、ご自分を観察なさってください。

気質に関して書かれた本がたくさん出ています。高橋巖《いわお》さんの『シュタイナー教育の四つの気質』という本にはとても詳しく書かれていますし、さっき言ったシュタイナーの『教育の基礎としての一般人間学』（筑摩書房刊）の中にも気質についてとても詳しく書いてあります。何十ページも…。それを読むと、よーく分かりますから、ぜひお読みください。高い本なので、買うにはちょっとという方は図書館で借りて、どうぞ、お読みくださいね。シュタイナー自身が書いたものを読むことは本当に力になりますから…。

ひとつお約束していたことがありましたね。午前中にしたメインレッスン以外のことでご質問があったら、そのことについて考えましょう、とお約束していたと思いますが…。次はそれでよろしいですか？」

シュタイナー学校では先生の描いた絵や美術書の中の絵を写します。

参加者「メインレッスンでもうひとつ、できたら質問したいんですが、先ほどのお話、昭和新山のお話を伺《うかが》って、絵を描いたときに、後ろの方の質問が聞こえたのと、私自身も迷いがあったんですけれども。あの絵を見ながら描いて、実際に子どもの授業のノートもそうなんですけれども、先生が絵を描いて、それを写すということ、それは一年生から十二年生までずっとそういう状態なのか、それともあるところからは自分の絵になるのか。先生の描いた絵を写すというのはどういう意味があってやっているのか、それについて考えたいと思ったんですけれども…」

大村先生「基本的には写します。私もシュタイナー教育のシの字も知らなかったころ… シぐらいは知っていたかな?（笑）… シュタイナー学校の子ども達が先生の描いた絵を写すということを知ってびっくりしたんですよ。子ども達のオリジナル性はどうするんだろう、って思ってね。そうですよね、一般的に考えたら、写すことにどんな意味があるだろう、と思いますね。日本の昔の教育の中で、絵を描くということはコピーすることだったと聞いています。私の母が話してくれたことですが、母が受けた絵の授業は、先生が名画を持ってきて、それを写させられたそうです。そこまではシュタイナー学校と同じですが、母達はそれを評価されたんですね。どれだけ本物に似ているかという… 本物に似ていればいるほど、いい評価をもらえたんだそうです。そこが決定的に違いますね。

シュタイナー学校ではコピーしますけど、そのとおりに描く必要は全くありません。どんなに一生懸命コピーしたって、出来上がった絵はみんな違いますでしょう?一枚として同じ絵はありません。コピーしてもなお、オリジナリティーが損《そこ》なわれることはないんですよ。そう思いませんか?

それで、シュタイナー学校の子ども達はいい絵を… いい絵というのは物事の本質を表している絵をいうと私は思っていますが… 見て、それを写して、そうしながら子ども達は本質を見る力と本質を表す力を学ぶことが出来るんだと、私は考えています。

ですから子ども達のオリジナリティーが失われるなん

ていうことは、全く心配ないと思いますよ。シュタイナー学校の子ども達は、先生が黒板に描いた絵を写したり、先生が図書館から借りてきた美術書の中の絵を写します。先生は、メインレッスンのテーマに沿《そ》っていくつかの絵を選びます。子ども達はその中から、先生の話を聞いて、それぞれの心の中に描いた絵に合ったものを選んで描きます。

先ほど見ていただいた『いずみの学校』のビデオの中でも、子ども達がヴァイオリンの絵を描いていましたね。あれもコピーなわけでしょう。本物のヴァイオリンを見て、それを写していましたね。子ども達がイメージして何かを描いたとしても、それもどこかで見たものですねえ。見たものを思い出して描いていますね。このように私達はどんな時にもコピーしているんです。ですからコピーすることは悪いことではないと私は思います。

そうしているうちに、子どもの内から、本当に沸《わ》き上がってくるものがあります。そうしたら、中学三年生ぐらいでしょうか、自分で描くようになります。それでもコピーしている子どもはいますよ。でも、無理に納得しないでくださいね。私がこんなふうに言ったからと言って、そのまま納得してくださらなくていいんですよ。どうぞ、御自分で考えてみてください。写すことがどういうことなのか、ということを…」

自分の内から出発するものと、自分以外の外の世界から入ってくるもの…

参加者「今、自分の娘が小学校一年生になって学校に行っているんですけれども、学校の時間割りというのは大体四五分ぐらいで科目が変わっていって、なかなか有機的なというか、つながりをもった勉強ができないと思うんです。それで家で、例えば子どもが今、算数では数字の一とか二とか、書き方を習っているんですけれども、それに関して家で何か話してあげたり体験させてあげることによって、学校での授業がもっと、彼女が興味を持っていってくれるような、そういう意味でのフォローができたらいいなと思っているんですけれども、私自身がそういう教育を受けてこなかったので、図書館へ行っても、どこをどう調べたらそういう情報というか資料が集まるのかがわからないんですね。それについて先生の方で、図書館で本を集められるときの手がかりとか、もしあったら教えていただきたいんですけれども」

大村先生「そうですねえ…」

参加者「百科事典とか、算数の関係だったらこういうものを本として集めてきて調べていますよというようなことを…」

大村先生「例えば…」

参加者「例えば、算数の数字を書く、文字を書く、その書くということについて準備をなさる時に、どういった本を調べるというか、そういうことをなさるのか」

大村先生「例えば… 数字の一とか二というのだったら… 私は参考になる本は使いませんでしたねえ。自分のイマジネーションと体験だけですねえ。あなたは二の数字から何を思いつきますか」（後で調べましたら、つぎの本が出版されていました。『シュタイナー学校の算数の時間』シューベルト著　森章吾訳　水声社刊。どうぞ、参考になさってください）

参加者「数字の歌にどうしてもイメージが行ってしまって、アヒルになってしまうんですけれども…」（笑）

大村先生「シュタイナー学校のカリキュラムの基本的な考え方というのは、… 自分自身から生まれるものと、外から自分に向かってくるもの… このふたつを学ぶ必要がある、ということなんです。お分かりになりますか？　自分の内から出発するものと、自分以外の外の世界から入ってくるもの、教師はそのふたつのものを見極めて教えるということが必要なんですね。

小さい子どもの場合は、いつも自分から出発します。子ども達が興味があるのは自分に関わることだけでしょう？　自分のことと、自分の周りのほんの少ししか見えません。何でも自分から出発しますね。大人でも自分のことばかり考えている人のことを、子どもみたいな人なんて言いますものね。子どもは自分が世界の中心にいます。ですから、自分から出発します。

ですから例えば二を教える時には、身体の中にあるふたつのものを一緒に探します。耳はふたつ、目もふたつ、眉毛《まゆげ》もふたつ、鼻の穴もふたつあります。腕も二本、親指もふたつ、ひとさし指もふたつ、足も二本ありますね。こうして身体の中にある二を探します。それから、自分の周りを見回します。教室にある物の中で、ふたつのものがペアになっている物を探します。家の中やお庭、そうしてだんだん外に出て行きます。一緒に散歩しながら探すのも楽しいでしょう。

二という数そのものは抽象ですね。二はありますか？ どこにありますか？ どこに行ったら、売っていますか？ どこにも売っていませんよね。二という数は抽象です。二本の足、二個の飴《あめ》、ふたつのミカンだったらあります。でも、二はありません。二は数です。数は思考が創りだしたものです。小さな子ども達は思考することが出来ません。思考する力がまだ育っていないのですから。そんな子どもが、抽象である二をどうしたら理解することが出来るでしょうか？

『昌子ちゃん、指切りげんまんしよう！ 昌子ちゃんの小指を出して、お母さんの小指に絡《から》ませてごらん！ そうそう、こんなふうにね。指切りげんまんする時には、こうやって二本の小指でするね。〝げんまん、げんまん嘘《うそ》ついたら針千本のーます、指切った！〟昌子ちゃん、約束ね』…こんなふうに指切りげんまんしながら二は二本の指、と学んだら、昌子ちゃんにとって、二は、お母さんと指切りした幸せな温かい想いとなって生涯生きたものとなるでしょう。昌子ちゃんにとって数はただ何かを数えるためだけの、冷たい数字ではなくなりますね。こんなふうに、小さい子には自分から出発する学び方をさせてあげたらいいのですね。

大人は心で感じ、それを思考することによってのみ、イメージが沸いてくる。

こういうことを話すと、ファンタジックでなくちゃ！ と思われる方がいると思いますが…勿論、自由自在に空想の世界に飛んでゆくことができるというのは、とても大切なことなんですよ。でも、大人である私達はその理論を十分理解していないといけません。子どもと一緒になって、私達が目がふたつ、耳もふたつ、なんて喜んでいたらだめなんですよ。（笑）それを喜ぶ心は勿論必要ですが、それだけじゃだめなんです。数字について、あるいは数学について書いてある本はいくらでもありますね。大人は理論的に分かっている必要がありますから、勉強しましょうね。本当に理解できたら、イメージネーションが沸《わ》きます。本質が分からないことにはイメージも浮かばないでしょう？ イメージというのは夢を見て、その中から出てくるのではありません。子どもはイマジネーションの世界に生きていますが、大人はそれを深く認識することによって、イメージが生まれてくるのです。認識しないでぼーっとしていては、決してイメージは沸きません。大人は心で感じ、それを思考することによってのみ、イメージが沸いてくるということを、是非覚えておいてくださったらいいと思います」

参加者「ありがとうございました」

大村先生「一度も発言されていない方がいらっしゃるようですけれど、いいですか？　このまま帰ってしまって、後悔しませんか？　しますでしょう？（笑）後悔しそう、って思う方は、どうぞ手を挙《あ》げてください。まだ、質問していない方から伺《うかが》いますね。では一、二、三（手を挙げている方々を順に指して）です。あと三〇分ありまます。どうぞ、あなたですよ」

参加者「さっきの絵の話なんですけれども、スケッチというのはもちろんされるんですよね」

大村先生「します。子どもの内で思考力が育ち始めてからします」

別の参加者「今までの話とは別の話になるんですが、大村さんがどういうきっかけで、シュタイナー・カレッジに行ったのか、子どもを外国のシュタイナー学校で学ばせるためにはどんなふうにしたらよいのか、シュタイナー学校はどこにあるのか、教員養成のプログラムがどこにあるか、ということをお聞きしたいのですが」

大村先生「私はどんなことを話してもいいんですけど、よろしいでしょうかね？　皆さんがお聞きになりたいことなのかどうか…　ちょっと心配なんですが…　。私のことは、『わたしの話を聞いてくれますか』（ほんの木刊）という私の本を読んでくださいますと、それにあなたが今お尋ねになったことはみんな書いてあります。シュタイナー・カレッジのことも…」

参加者「読んでいないんです」（笑）

大村先生「そうですか、勿論《もちろん》いいんですよ。（笑）あれに詳しく書いてありますから、もしよかったら、それを読んでください。ここで大急ぎで話すよりよく分かっていただけると思います。本を買っていただかなくても、いいですから図書館で借りて読んでください。(笑)それで、もしあなたがどこか外国のシュタイナー関係の所に勉強にいらっしゃりたいのでしたら、個人的に話してください。そういう情報は『ひびきの村』の事務局からお送りします。よろしいですか?」

(『ひびきの村』では、二〇〇一年より、『シュタイナー学校教員養成プログラム』を開始。222頁参照)

○歳から七歳ぐらいまでは、できる限り機械を通した音は聞かせない方がいい。

参加者「もうひとついいですか。音楽についても、シュタイナー教育ではCDやテープとかは小さい時によくないと書いてあったんですけれども、CDとかは、ある程度大きくなったらいいという考えですか」

大村先生「そうですね。どうしても機械を通した音を聞かせないほうが良いのは、身体と、身体の基本的な四つの感覚が育っている○歳から七歳ぐらいまでです。その間はできる限り機械を通した音は聞かせない方がいいですね。人間として生きるために最も大切な触覚、生命感覚、運動感覚、平衡感覚が育ちません。ここで詳しいことをお話しする時間がありませんので、通信講座の第1期、1号から4号までを是非、読み返してください」

参加者「それで子どもが喜んでいても踊ったりしてもですよね」

大村先生「そうですね。お母さんが歌ってあげたら、子どもはもっと喜びますよ! どうでしょう?」

参加者「歌っているんですけれども、やはりリズム感とかあるんですよ。伴奏《ばんそう》とかドラムとかがあると。私が歌うとどうしても童謡みたいな感じになってしまって。あと、和太鼓を習っているんですけれども、それをちょっと続けるとすごく喜ぶんですね、ドンドンと。ただ、その夜は疲れるみたいなんですけれども、あまり大きい音なので、やはり生の音というよりもいい音というか…」

大村先生「そうですね。和太鼓は大人でもガンガンと身体に響きますでしょう?」

参加者「すごいですね」

大村先生「私も和太鼓が好きでコンサートに行くことがありますが、終わった後はぐったり疲れますね、いつも」

参加者「生の音というと、例えばコンサートに連れて行くということも、あまりよくないですか。童謡コンサートとかなら別なんでしょうけれども…」

大村先生「勿論、いいですよ。なんにしても機械を通さない生の音がいいんです。でも、無理に連れて行かなくてもいいんじゃないですか? あっ、コンサートに行くことが自然なことでしたら… そういうご家族もあるでしょうから、勿論…」

参加者「何か、割りと…」

大村先生「もったいないじゃないですか! お金がかかるし」(笑)

参加者「割りと音楽が好きそうなんですね、見ていて。親ばかなんでしょうけれども。それで、好きそうだから、聞かせてあげるほかに何かできたらな、と思って…」

大村先生「いい音を聞かせてあげたらいいですね…。雨の音を一緒に聞くとか、長靴をはいて水たまりをビシャビシャ歩くとか、石をコチコチと叩《たた》くとか。私達は教室に丸太を置いておいて、棒きれをみんなで叩《たた》いて遊びます。おもしろいですよ。本当にステキな合奏になるんですよ。床にあぐらをかいて輪になって座ります。そして、みんなで棒きれで、丸太を叩きます。素晴らしい音楽になります。

私もクラシックの音楽を聞かせたらいいだろうと思って… 前にも話したことがあるかもしれませんが… 小

沢征爾《せいじ》さんの指揮するベートーベンの第五を幼稚園児だった息子を連れて聞きに行ったことがありました。奮発して前から三番目の席をとってね、素晴らしいシンフォニーだったんですよ。それなのに、息子は気持ちよさそうにくーくー寝てしまって…最後にガーンと終わりますでしょう? そこで目を覚ましてね、『うるさいなあ、寝られないよ』と言ったんです。(笑) 本当に私は愚《おろ》かだったと、その時つくづく思いました。別にシュタイナーの勉強をしていなくったって、そんなことは分かるはずなのに、愚《おろ》かな母親だったんです、私は。それからはすっかりやめました。あなたが見ていて、子どもさんが喜ぶことをしたらいいんです。特別なことをしなくっても、いいえ、特別なことなんてしない方がいいかもしれませんね。あなたのお子さんは小さいんでしょう?」

参加者「小さいです。そうしたら、何か積み木とかをカンカンやったり…」

大村先生「それで十分ですよ」

参加者「家の壁にカンカン…」(笑)

シュタイナー幼稚園や学校でこうしてるからなんて縛られないでくださいね。

大村先生「いいですねえ。いろんな物を叩いて、家の中、庭、公園… いろんな所を叩いて、いろんな違う音が出たら、嬉しいですものねえ。お父さん、お母さんや周りにいる方が歌うのが一番いいんですよ。シュタイナー幼稚園ではこうしているから、シュタイナー学校ではそんなことしていないから…なんて決して縛《しば》られないでくださいね。子ども達は一人ひとり違うんですから、子どもによって必要なことも違うはずです。シュタイナー学校では三年生までペンタトニック(半音のない五音の音階)の歌だけを歌うから、それ以外は絶対ダメ… それはそうなんですが、あなたが『この子は音楽の才能に恵まれているようだから三歳からピアノを習わせて音楽家にしよう』と決めたら、それはそれでいいんです。すべてはあなたが決めるのですもの」

参加者「そんなふうには思っていないのですが」

大村先生「本当にご自分でよく考えて、ご自分で決めたらいいんですよ、どんなことでも…」

参加者「今いろいろと六歳ぐらいまでに音楽をきちんとやっておかないといけないとか、音楽嫌いになったらいけないとか、歌を教えるわけではなくて、こんな変な歌しか聞かせられなくていいのかなとか、英語のテープを小さい時にかけておけば、上手になると聞けば、親としてはそうかと揺《ゆ》れてしまう部分。そのようなのを聞かせちゃいけないと思ったり、でも今やっておかないとだめよと言われたりすると、揺れてしまいます」

子どもを育てる時は、もっと大きな、広い視野を持って……。

大村先生「そうですね、あなたのお気持ちはよく分かります。この子をこうこうこういう人間に育てなくちゃ、とか、こういう人になって欲しい、とあなたが考えて、決めて… だから、こういう教育をしなくちゃ… というのは私達が目指しているものとは違うと思います。そうじゃなくて、通信講座にも書きましたけれど、こういう教育がいいとか、ああいう教育はよくない… 私も皆さんと一緒に話したり考えていますが、時々、『もういいじゃない！』と思うことがあるんですよ。『いいじゃない！』と言う意味は、子どもを育てる時、そんなことではなく、もっともっと大きな、広い視野を持ったらいいんじゃないかな、っていうことなんです。『この子はどんな使命を持って生まれてきたんだろう？ それはどこで、どんな形で果たされるんだろう？ この子が使命を果たすために、どんな力が必要なんだろう？ その力を獲得するためにはどんな教育が必要なのだろう？』って考えて…。私の友人には、こんなふうに考えて子どもを育てている人がいます。すごいですねえ。

通信講座にも書きました。覚えていらっしゃるでしょうか？ 今『ひびきの村』にはニコという一六歳の男の子が両親と一緒にニューヨークから来て滞在しています。彼のお父さんとお母さんは『ニコは将来、東洋に関わる生き方をするんじゃないか、東洋で暮らす運命を持って生まれてきたんじゃないかと… そう思う。だから、若い時に東洋に触れるチャンスをつくってあげたいと思った』と言うんです。勿論、彼らには『ひびきの村』の仕事を手伝いたいという願いもありました。でも、日本に来た一番大きな動機は、ニコが、彼自身の運命を垣間見る機会が必要だと考えたことだったんです。彼らだけじゃありません。私の友人にはそういう人が何人もいるんですよ。オーストラリアからシュタイナー・カレッジに勉強に来ていた人もそうでした。『息子を連れて日本へ行きたいんだけれどもいいかしら？』と言うから、『どうして日本へ来たいの？』と聞いたら、『この子の運命は日本に向かっている』と断言するんですね。『向いている』というのは『合う』『合わない』ではなくて、『日本の方に向かっている』と言うんです。だから、連れて行きたいって…。

　子どもの教育のことを真剣に考えることが悪いと言っているんじゃありませんよ。決してそうじゃありません。けれど、そんな大きな視点の子育てをしている友人達を見ていると、『もういいんじゃない？　少しくらいCDを聞かせたって、テープを聞かせたって、いいじゃない！』と思ってしまう時があるんです。でもね、私を含めてみんながそんな大きな視点で教育を考える段階には来ていないんだから…と思い直して、また通信講座の原稿をせっせと書いているんですが…。

　皆さんも、時には、そういう大きな視野に立ってみたらどうでしょう？　多少CDを聞いても、テープを聞いても、大丈夫！」

参加者「そのお子さん達のご両親は、その子どもを見て、そういうふうに感じ取ったんですか」

大村先生「そうなんでしょうねえ。本当にすごいですねえ。私も心から敬服しています。そういう視点で子どもを育てているなんて…」

参加者「その方たちはどのようにしてそれを感じ取ったんでしょう」

大村先生「聞いたことはありません。私の友人で、二〇代のときに華道の修行をするために日本に来たアメリカ人がいます。三年半、華道の家元の家に住み込んで大変

な修行をしたそうです。そして師範の免状を取って、アメリカに帰って今教えてます。彼女は幼い頃から日本の文化に惹《ひ》かれていたと言っていました。五歳のときに、仏像の絵を見たんですって、その仏像の姿に強く惹《ひ》かれて、小学生になってからは図書館や美術館に通って仏像ばかり見ていたそうです。どこかで仏陀《ぶっだ》の写真とか絵を見ると、本当に吸い込まれるように、その前にずっといたと話していました。

そんなふうに、はっきりそれと分かるような顕《あらわ》れ方をする子どももいますね。それはもう、誰の目にも明らかでしょう？　親だったら、見ていて分かると思いますよ。彼女ほど顕著《けんちょ》ではなくても、この子が何に惹《ひ》かれているか、何に興味があるか…　それは分かりますよねえ。でも、そういうことともちょっと違うんです。どう言ったらいいんでしょう？　その子にそういう光が当たっている、その子がそういう光に包まれている、そういう光に導かれている…と言ったらいいでしょうか」

子どもをよーく見ていたら分かります。その子がどのような使命を司っているか…。

参加者「どうやったら分かるんでしょうか？」

大村先生「子どもをよーく見ていたらいいですよ。分かりますよ。私も分かりましたね。上の子の時は分かりませんでした。本当にあの子には済まないことをしたと思っています。…　でも、分かってくれない親を持ったことも彼が選んだ運命で…　彼が私を親として選んで生まれてきたから、彼が私を親として選んでくれたから、私は彼に導かれてここまで来ることができたと思っています。本当にそうなんです。彼が小さい時には分かりませんでした。でも、後になって分かったんです。彼はそういう使命を持っていたんですね。私を人間としてまっとうな生き方に導くという…　今また、私と同じような性格で、同じような生き方をしてきた人を奥さんに選んで、私を導いてくれたように、彼女に尽しているようです。彼はそういう使命を持って生まれて来たのでしょう。彼の生き方や彼の在り方を見ていて、私はつくづく思います。

彼が小さい頃、私には私の友人達のような洞察する力を持ってなくて、彼がどんな使命を持っているかということがまったく分かりませんでした。シュタイナーの思想を学んで、それを生き始めて、私はようやく、今、次男の持っている使命が分かるような気がしています…。

ごめんなさいね、私ごとになってしまって…。シュタイナー・カレッジに私の大先輩のナンシー・ポアという先生がいるんですが、講義の中で、よくお子さんの話をされるんです。本当にすばらしい方なんですが、『また彼女のファミリー・ストーリーが始まった』って、ちょっと嫌がられることもありました。私も気を付けなくっちゃ、ね。(笑) ファミリー・ストーリーはしないように、といつも自分に言い聞かせているのに、ついつい話してしまいました」

参加者「お話を聞いた後、質問しづらくなったんですけれども、こうやってシュタイナー学校に通ってメインレッスンを受けているお子さんは本当に幸せだなと思うんです。けれども、普通の公立小学校に通って普通の公立小学校の授業を受けている大多数の子どもは、そういう子どもを持っているんですけども、そういう子どもが例えば家でその過不足を補いたいと親として思うんですが、どのようにして補ったらいいんだろうと…。今、三年生なんですけれども、悩みというか、学校の宿題ぐらいはさせないといけないかなという感じなんですが、それ以外に何かさせたいというか、シュタイナー学校のレッスンで受けるような、身につくような力がつくようなことを家でもさせたいなと思うんです、どのようにしたらというと方法ばかり聞いているようで恥ずかしいんですが、でも皆さんも興味があるかと思いまして…」

大村先生「私も皆さんは何を学びたくて、何を知りたくていらしているのかしら、って、ずっと考えていたんですよ。今でもあまりはっきりしなくて、ですから午後、皆さんとずっと話をしながら、『こんなことでよかったのかな?』『遠くからいらしてくださったのに、これでいいのかしら?』『いろいろ無理をして来てくださった方もいらっしゃるのに…』って、今でも考え考え話をしています。もう一五分しかありませんが…。

今の方がおっしゃってくださったことを私もずっと考えています。シュタイナー学校ではこんなふうにしています、メインレッスンはこんなふうですよ、お家ではこんなふうにできるんじゃないですか?…話しながら、こんなことが本当に皆さんの力になるんだろうか?とずっと考えています。こんなことでいいのかな?って。こんなことをぺらぺら話して、黒板の絵を描いていただいて、手を叩いたり、ぐるぐる回ったり…本当にどうなの？　って思っていました。
本当にどうしたらいいでしょうね？　おっしゃるように、シュタイナー学校に行っている子ども達は、私が理想だと考えている教育に近い教育を受けています。皆さんは公立の学校で勉強している子ども達の過不足しているものを、取り除いたり、補いたいと考えて、ここにお出でくださっているのでしょうか？」

参加者「過不足を補うほど、親が知識を持っていないし、それほどの時間もないし、子どもに与えるものもないと思うんです。ですから、少なくとも親がどれだけシュタイナーの教育に興味を持っていて、どういうものをやっているか、今はまだ私なんかは興味本位、はっきり言って奥がわからない部分を知る。そのためにシュタイナー教育とはどういうものなのか…をまず知る。それによって親がまず変わらないと、子どもは変わっていかないと思っていますので、まず親が変わるための心の手段のようなことで来ているのですが」

大村先生「うなずいている方は今の方と、同じ考えなのですか？」

他の参加者「今日授業を受けて、本では想像が出来なかったことを、実際に自分で見て、一度だけでもいいから経験してみたいと思っていたところはあります」

大村先生「そうですか」

別の参加者「何をしたらいいかという質問とかはすごく多くあって、私は立場が違うんですけれども、何かを加えることを聞きたいのではなくて、今の生活に何が不必要かを確認したかったなと思いました。きっと何か余分なことを自分はしているんじゃないかということを、それが何かがわからないので。それを聞きたいと思ったので…」

大村先生「分かりましたか、それで…」

参加者「逆に何かをお子さんにしたいという方の質問から、これは必要ではないということがわかりました。そうされる方もお話を聞いて、自分なりになされるだろうし。今お話を伺《うかが》わなくても皆さんのご質問を聞くことが勉強になりました」

私は、私自身が体験したシュタイナー教育が本質であると確信しています。

大村先生「よかったですね。そうなんですね。短い時間でこういうことをしたらいい、ああいうことをしたらいいという具体的なことは、なかなか伝え切れなくて…。ともかく私が今日皆さんとご一緒に考えたいと思ったことは、教育の本質についてでした。私は私自身が体験した、今また実践しているシュタイナー教育が本質的な教育であると確信していますので、それをお伝えしたいと考えたのです。本質が分かったら、そして本質を体験したら、細かいことは自然と明らかになります。本質の光に照らされたら、隅々までが明らかになります。そして私達がそれぞれ向き合っている個々の異なった問題に、あれはどうなんでしょう？　これはどうなんでしょう？と迷うこともなくなるはずです。

私は、それがとても大事なことだと考えています。皆さんは力を持っていらっしゃいます。教育の本質を実践しているシュタイナー教育の素晴らしさを分かっていらっしゃるんですから…。それが分かっていらっしゃるということは、皆さんが、すでに本質的な生き方をして

スクーリングの最後のシーン。心と心をつなぎ合って…。「英語の春が来た」を歌う。

いらっしゃるということです。勿論、私達は進化の途上にありますから、分からなかったり、迷ったり、間違えることはあります。『そうは言っても、分からないことだらけですよ、シュタイナー教育を体験したことがないんですもの…』とおっしゃるかもしれません。本当にそうですね。そうおっしゃる気持ちはよーく分かるんですよ。決して人に聞くことを悪いことだと言っているのではありません。機会があったら、そして体験している方とお目にかかる機会があったら、伺《うかが》ったらいいと思います。あるいは本を読んで勉強することも、勿論必要ですし大切なことです」

生きる上で一番大切なものは「真理と認識に対する畏敬の念」です。

大村先生「私が今一番言いたいことは… 皆さんはもう、本質を分かっていらっしゃる… ということです。ですから、自信を持ってください。枝葉末節《しようまっせつ》なことではなく、いつも本質を見極める、本質に生きる、ということを目標にしてください。

本質が分かったら、皆さんの内にある本質と皆さんの外にあるものの本質が呼応して、世界が明るく、はっきりと見えてきます。そして、皆さんの周りに何があるか、何が起きているか、だれがいるか、その人達がどうしているか、何を考えているか、何を思っているか… そういうことがすべて明らかになります。子ども達を育て、教える時に何が必要かということも、細かいことまで分かってきます。本質という光に照らされて…。

皆さんはそういう力をつけたいと願っていらっしゃるのですね。私が今日話したことより、もっともっと具体的なことを知りたいと思われる方もいらっしゃると思いますが…。でも皆さんの様子を見ていると、今日ここで学ぶべきこと、つまり本質的なことは学ばれたような、とても満足しているような顔をしていらっしゃいますよ。どうですか？ 皆さんと私とでした今日一日の共同作業に、私はとても満足し、感謝でいっぱいです。皆さんにとってはどうでしょうか？

最後に大事なことをお伝えしたいと思います。私の遺言だから… と言うと、『ひびきの村』のスタッフは、またか… なんて思いながらも聞いてくれますが。（笑）ここにいらっしゃる殆《ほとん》どの方々とは、もう二度とお目にかかることができないかもしれませんでしょう？

私達が生きるうえで、一番大事なものは、『真理と認識に対する畏敬《いけい》の念である』…これは、シュタイナーが言っている言葉です。…『真理と認識に対する畏敬の念』を持たなかったら、どんなに素晴らしい仕事をしても、どんなにすばらしいことを知っていても、素晴らしい体験をしても、その人の人生には価値がない…とまでシュタイナーは言っているんですよ。何でしょうね、畏敬の念って…。

畏敬というのは畏《おそ》れ敬《うやま》うって書きます。心の底から『ああ…』と思うこと、自然に頭が下がることとありますか？　言葉が出ないほど心が震えたり、無上に憧《あこが》れたり…。そういう心をルドルフ・シュタイナーは『真理と認識に対する畏敬の念』と言っています。ですから、何か自分にしてもらったことに感謝する、親切にしてもらって感動した、親身になってアドヴァイスをしてくれたことがうれしい…というようなことではありません。でも、初めはそういうことでも構わないんですよ」

子どもに対して畏敬の念を持たずに教師であることはできない。

大村先生「子どもに対して畏敬の念を持つことが、教師にとってもっとも大切なことだと、シュタイナーは言っています。子どもに対して畏敬の念を持たずに、教師であることはできない…私も心からそう思います。朝から晩までそういう訳にはいきません。子どものすることや話すことに、いらいらしたり、イヤな気持ちになることもあります、勿論。けれど、一日に何回も何回も、子ども達の本質に触れて、『ああ…』と頭を下げる思いもまたするんです。ああ、この子はこんなことを考えているんだ！　こんなふうに感じていたのね！　こんなことができるの！　…と心の底から畏敬の念を感じます。

皆さんにもきっとあるでしょう。特に無心に眠っている子どもの顔を見たとき、どんな人でも心の底から愛《いと》おしい気持ちが湧《わ》いてくると思います。そうでしょう？　そして、子どもをこんなふうに存在させている、目に見えない力を畏《おそ》れ敬う気持ちが湧いてきますでしょう。夜が明けて、また子どもと一日中葛藤《かっとう》したとしても、また、夜になって子どもの寝顔を見ると、心が震えます。その瞬間があるから、私達は子どもを育て続けられるんだと、私は思っていますが、皆さんはいかがですか？

…子どもが子ども自身の意志によって、ここに生まれてきたんだ、今生《こんじょう》での課題を果たすため、使命を遂げるために、私を親として、教師として選んだんだ、そして、私もまたこの子と関わりながら、わたし自身の課題と使命を遂《と》げるんだ…という『真理とその認識』…それに対する畏敬の念が、私達の内に子どもを育て教える力を生むのです。

子どもに対して畏敬の念を持つことが出来たら、もうほかのことは何も心配することがないと私は思うんですよ。心配なこと、躾《しつけ》たいこと、教えたいこと、どうしてもしてもらいたいこと…いっぱいありますねえ。ああ言えばこう、こう言えばああ、と言ってすべきことをしない、片付けなさいと言っても片付けない、約束を忘れる、物を壊《こわ》す、けんかはする、テレビゲームはしないと約束したのにする…頭の痛いことはたくさんあるでしょう。でもね、シュタイナー教育に縛《しば》られないでください。シュタイナー教育じゃなくてもいいんです。あなたの考えるとおりに育てたら…」

シュタイナー教育じゃなくてもいいんです。
畏敬の念を持って育てたら…。

大村先生「…私は今まで畏敬の念によって生かされてきたなあ…とつくづく思います。皆さんも、今まで、心から『ああー』と頭が下がる、という経験をたくさんされてきたと思います。それが皆さんを生かしてきたとお思いになりませんか? そして同時に、皆さんの畏敬の念が、畏敬の念を覚えた対象であるその人、あるいはその物事を生かしてきたとお思いになりませんか?

そのことをよく考えてください。目の前にいる子ども達に、私達が心から畏敬の念を感じることができたら、その畏敬の念が子どもの命を生かします。そして子どもの可能性を広げ、子どもを生き生きとさせます。それが子ども達一人ひとりがそれぞれの課題と使命を果たすた

めの力になり、目標を遂げるための道を歩く力になります。

シュタイナー教育じゃなくてもいいんですよ。何教育だっていいんです。あなたのお子さんなんですから、あなたの考えるとおりに育てたらいいんです。ただし、あなたが子どもに対して、そして、子どもを存在させている目に見えない力に対して、『畏敬の念』を持つならば……。

家に帰ったら、また家中わしゃわしゃになっているかもしれません。大事なお皿が壊《こわ》されているかもしれないし、子ども達は宿題をしていないかもしれません。で、それが不愉快で怒ったり、いらいらしたり、嫌《いや》みを言ったりするかもしれませんね。でも、そんなことはいいんです。一日に一度でもあなたが子どもを心の底から可愛く思う瞬間があったら、心の底から愛《いと》おしく思うことがあったら、子どもに畏敬の念を感じる瞬間があったら…大丈夫です！　それがあなたの生きる力になるし、子どもの生きる力になります。それだけで十分です。大丈夫！　今日、皆さんと出会えて本当によかった！」

参加者「すごく深く、大事なお話を聞けて、最後に感謝の気持ちでいっぱいです。すごく単純な質問ですが、すばらしい絵が黒板に書いてあるんですけれども、三日間とか一週間とか使われるということだったんですが、子どもがいたずらしてしまうということはないんですか」

大村先生「ありません。あれはとても大事なものだと子どもは分かっているのでしょう。今まで私が経験した中では、一度もありません。だって、私が大事にしているから。黒板にどんな絵が描かれているか、子ども達は毎日とても楽しみにしてるんですよ。『おおっ、すごい！』とか、『きれいですねえ』って言ってくれます。みんなとっても大事にしています」

参加者「それは、やはり子どもが先生に対して尊敬しているから」

大村先生「そうでしょうね。そう思います。一度も言ったことはないんですよ、消しちゃいけないとか、いたずらしないでとか、言ったことはないです。けど、分かるんでしょうねえ。子ども達が黒板の絵にいたずらをするとか、消してしまうなんて、今、聞かれるまで、私は一度も考えたことがありませんでした」

参加者「お昼は一緒に食べるんですかということを聞きたかったんです。クラスの子ども達と」

大村先生「みんなで一緒に食べていますよ。台所の隣に、ダイニングルームがあります。昔、産院だった頃には分娩室だったそうですが」（笑）

参加者「そうですか。日本の学校だと、給食は一緒だと思うんですけれども、外国の学校はばらばらだったり、お昼がなかったり、どうなのかなと、ふと思ったんです」

国によって、学校によっても色々……シュタイナー学校といっても違います。

大村先生「シュタイナー学校といっても、国によって、学校によって、ずい分違うと思いますね。サクラメントのシュタイナー学校で私が一番驚いたのは先生によっては、お昼ご飯のいただき方がずい分違うということでした。食事をとても大事に考えている先生は、みんな揃って一緒に食べます。食事のことにはあまり関心を持っていないような先生のクラスでは、『いただきます』のお祈りや歌は一緒に歌いますけれども、あとはみんな好きな場所で好きなように食べていました。私は、食事をするということはとても大切なことだと思っています。……前にも話しましたね、十二感覚の味覚のところで……（通信講座第1期第6号）食事を摂《と》るということは、私達が外の世界のものを自分の中に入れて、それが身体の中でエネルギーに変わって、それによって私達が生かされるということですね。勿論、子どもにはそんなふうには話しません。でも、私達大人がそれを認識しながら、子ども達と一緒に食事をしたら、子ども達も大切なものをいただいている、って感じると思います。

『いずみの学校』には幸い、みんなで食事ができる部屋があります。大きなテーブルがないので、いただいた小さな机を並べて、きれいな色のテーブルかけをかけて、お花を飾って、みんなで食べています。なにしろ、生徒がふたりですから、お昼の食事の時はどなたでもどうぞと言ってありますので、時々お父さんやお母さんがみえたり、特別教科の先生がいらしたり、『ひびきの村』のスタッフや、時には見学にいらしたお客さまも一緒に、ということもあります。

子ども達は水曜日の午後は園芸の授業があって、農場に行きますが、その日はバイオダイナミック農法でつくられた美味《おい》しい野菜をお母さんが料理してくださいます。

（主催したほんの木のスタッフに向かって）もう時間ですね。今日は本当にありがとうございました。きのうから続けて来てくださった方々は、二日間貴重な時間をご一緒させていただいて本当にありがとうございました。

いいんですからね。ご自分の考えていることをなさったらいいんですよ。くれぐれもあの人はああ言っている、この人はこう言っている、シュタイナー学校ではこうこうしている、っていうことに縛《しば》られないでくださいね。そして『シュタイナー教育には私が理想としている素晴しい考えと素晴しい実践がたくさんある…　私も勉強したい、実践したい』と思われたら、是非そうなさってください。

私達は自由です。だれにも縛《しば》られず、なににも囚《とら》われず、自立して、いい人生を送ってください。また、お目にかかりましょう。『ひびきの村』にもぜひいらしてくださいね。北海道は遠いので、簡単にいらっしゃることができないかもしれませんが、少しずつお金をためて、いつかいらしてください。みんなで待っています。とってもいい所なんですよ。

皆さん、本当にありがとうございました。柴田さん、容子さん、このみさん、トヨさん、よしみさん、高橋さん、大野さん、松本さん、ほんの木の皆さん、ありがとうございました。このスクーリングで皆さんにお払いいただきました参加費は、全部『ひびきの村』でいただくことになっています。『ほんの木』には、いりません、とおっしゃっていただきました。それにもかかわらず、こういうふうに大変な仕事を引き受けていただいて、『ほんの木』のスタッフの皆さんには心から感謝しております。

そして参加してくださった皆さん、本当にありがとうございました。どうぞ、お元気で！」

参加者全員「ありがとうございました」

大村先生「最後に、朝歌った歌を歌いましょう！」

小野里先生「せっかくですから、皆さん、円くなりませ

御礼の拍子と、笑顔で終わったスクーリング。

んか。一の人、二の人、三の人で、円くなって…。このままでしましょう。線を越えて円くなりましょう。一巡の輪になってください」(歌)

大村先生「ありがとうございました。どうぞお気をつけてお帰りください。さようなら」

参加者全員「大村先生、小野里先生、中村先生、どうもありがとうございました」

●補足説明

『メインレッスン』と『エポック授業』

これは同じ意味です。アメリカでは、メインレッスンまたは『ブロック授業』と呼び、エポックノートのことを、メインレッスン・ブックと言います。本書では、ひびきの村と同じく、メインレッスン及びメインレッスン・ブックという用語で統一しています。

シュタイナー学校の方針

①あらゆる子どもに対して開かれた学校 ②男女共学 ③一二年一貫教育 ④特定の思想や宗教を学校教育の場に持ち込まないこと ⑤教育は芸術であること、などが方針です。

ヴァルドルフ・スクールとシュタイナー学校

これは同じです。

一九一九年九月七日、ドイツのシュタットガルトに設立された学校が、世界で最初のシュタイナー学校でした。シュタットガルトにあった、ヴァルドルフ・アストリアという煙草会社の労働者達が、シュタイナーに講演を頼み、その講演が大きな反響を受け、この会社の社長であり、シュタイナーを敬愛していたエミール・モルト氏がシュタイナーに依頼して作った学校がそれでした。

そのエミール・モルト氏に敬意を表し、ヴァルドルフの名称を入れ「自由ヴァルドルフ学校」と呼び、幼稚園をヴァルドルフ幼稚園と呼んでいるのです。

（本書では、シュタイナー学校で統一しました）

※参考資料「シュタイナー教育入門」（学習研究社）

資料

資料1 これらの情報は2002年時点のものです。ご了承下さい。

シュタイナー幼稚園

ひびきの村「こどもの園」

●「こどもの園」の一日のリズム

「こどもの園」の子ども達は八時四五分から九時の間に登園します。先生と朝の挨拶をした後、子ども達は思い思いに園舎の中で「内遊び」を始めます。おままごとをしたり、積み木遊びをしたり、ひとりで遊んだり、お友達と遊んだり…。内遊びにより、まだはっきりと目覚めていない子ども達は、ゆっくりと目覚めてゆくことができます。そのため、園舎の中はお母さんの胎内《たいない》の色に近い淡いピンクのカーテンを引いて、薄明るくしてあります。その中で子ども達は一時間以上、ゆったり内遊びをします。一〇時一五分頃、先生がお片付けの歌をうたい始めると、子ども達は部屋中に広がっていたおもちゃをそれぞれの場所に戻します。

お片付けが終わると、円くなって座り「朝の歌」を歌います。続いて「ライゲン」が始まります。先生の歌う歌や物語に合わせてみんなで動きます。ライゲンの長さは、だいたい一五分から二〇分くらいです。ライゲンが終わると、おやつの時間です。子ども達が先生の歌に導かれて手を洗い、テーブルのまわりに座ります。ローソクに火が灯《とも》され、内遊びとライゲンを通してすっかり目覚めた子ども達は、おやつを頂きます。そしてごちそうさまをした後は、「外遊び」の時間です。

園庭の周囲は子ども達を守るために柵がつくられ、砂場とブランコと花壇と野菜畑があります。子ども達は走り回って思いっきり身体を動かして遊んだり、砂場でお団子を作ったり、先生を手伝って庭掃除をして、一時間くらい過ごします。週に一回、近くの森へみんなで散歩にも行きます。外遊びの時間が終わると、先生の歌に合わせて、バケツやシャベルなどを片づけます。

外遊びが終わると「昼食」の時間です。子ども達は手を洗ってテーブルにつきます。ローソクを灯し、手に香りの良いオイルをぬってもらってから歌を歌い、詩を唱えてからお昼ご飯を頂きます。食べる速さは子どもによって様々ですから、だいたい半数の子どもが食べ終わった頃、「ごちそうさま」をします。ゆっくり食べる子どもはそのまま食べ続け、終わった子ども達はその間、お部屋の中で静かに遊びながら、みんなが食べ終わるのを待ちます。

昼食が終わるとお話の時間が始まります。子ども達は先生の歌を聞きながら、季節のテーブルの前に座ります。お家に帰る前に、開放された心が内に向かって落ちつくように、一日の最後に静かにお話を聞きます。簡単な手遊び等をした後、季節のテーブルの上に作られた物語をします。お話が終わると、天使の歌をうたい、お祈りをして、お別れの会を始めます。みんなで手をつないで輪をつくり、回りながら「さようならの歌」を歌います。最後に先生が子ども達一人ひとりを抱っこして、さようならを言ってお別れします。

以上の「一日のリズム」は、今学期から実施しているものです。スクーリングでご紹介したものとは、少し違っています。子ども達の様子を見ながら、より自然な流れになるように考えて変えました。新しいリズムは、おやつの時間を中心にして内遊びと外遊びに分かれています。内遊びを集中、外遊びを拡散というふたつの大きなリズムと考え、その中にも遊びと片付け、歌とお話、という拡散と集中の小さなリズムが入っています。子ども達の状態や天気などにより、時間割りを変えることはありますが、基本的にはこの流れの中で過ごしています。

●「こどもの園」の一週間のリズム

月曜日の朝は内遊びの時間に「にじみ絵」をします。週末を家族や友達と過ごした子ども達が、色

「こどもの園」の1週間

	月曜日	火曜日	水曜日	木曜日	金曜日
	紫	赤（ピンク）	黄色	オレンジ	緑
8:45	登園	登園	登園	登園	登園
9:00	にじみ絵 内遊び	内遊び	内遊び	内遊び	内遊び
10:15	片付け	片付け	片付け	片付け	片付け
10:30	朝の集まり ライゲン	朝の集まり ライゲン	朝の集まり ライゲン	朝の集まり ライゲン	朝の集まり ライゲン
10:50	おやつ （米）	おやつ （オーツ）	おやつ （きび）	おやつ （大麦）	おやつ （ライ麦）
11:10	外遊び	外遊び	外遊び	外遊び	外遊び
12:15	片付け	片付け	片付け	片付け	片付け
12:30	昼食 （玄米粥と味噌汁）	昼食 （お弁当）	昼食 （お弁当）	昼食 （お弁当）	昼食 （パンと野菜スープ）
13:00	お話	お話	お話	お話	お話
13:15	降園	降園	降園	降園	降園

彩の力を借りて呼吸を整え、「こどもの園」のリズムに戻るためです。子ども達が絵を描いている間、シロフォンやライヤーで静かな音楽を奏《かな》でます。

シュタイナーの深い洞察によれば、各曜日には、それぞれに対応する穀物や色、金属、木、惑星、音などがあります。「こどもの園」では、子ども達の様子を見ながら、できるだけそれに沿った、おやつやお昼ご飯、身につけるもの、遊び、歌などを選んでいます。穀物で言えば、月曜日は「米」ですので、お昼ご飯には玄米粥《がゆ》を作ります。火曜日はオーツ麦の入ったクッキー、金曜日はライ麦の入ったパンをみんなで焼きます。子どもに及ぼす色の影響は私達が想像する以上に大きいものです。先生達は月曜日には紫、火曜日にはピンク、水曜日には黄色…といった服やエプロンを身につけるよう、心がけています。

●「こどもの園」の一年のリズム

こどもの園の一年は、季節の節目《ふしめ》節目に行われる大小の行事を通して、ゆったりとしたリズムの中で、流れてゆきます。一年の中には、四つの大きな節目があります。ひとつは春分の頃のイースター（復活祭）、ふたつ目は夏至《げし》の頃にある聖ヨハネ祭、三つ目は秋分の頃のミカエル祭、そして四つ目がクリスマスです。

●イースター（復活祭）

長い冬の間、自然界の力も、人間の意識も、内へ内へと向いていますが、冬至《げし》の頃から少しずつ外へ向くようになります。イースターの頃には、木々や草花が小さな芽を出し始め、動物や虫たちも新しい生命を得て、私達の前に再び姿をあらわします。イースターが近づくと、「こどもの園」では、季節のテーブルの上に芽の出た枝や草、バスケットを持ったうさぎや美しく彩色した卵などを飾ります。植木鉢に種を蒔《ま》き、うさぎの形のパンを焼き、毛糸でひよこを作り、たまごに絵を描いて、卵探しをする日（イースター・サンデー）を子ども達は心待ちにしています。ライゲンも、春の訪れと、新しい生命に再び会える喜びを感じられるようなものをします。

●ヨハネ祭

夏至の頃、太陽が一番高くなり、外へ外へと向いていた人々の意識も、この頃頂点に達します。それにより人間の意識は眠った状態になり、自分を見失ったり、判断を誤りがちです。そこで「火」の力を借りて、自分自身を取り戻し、煙によって邪悪な力を潔《きよ》めます。子どもには、火の神様のライゲンをします。季節のテーブルにも「火の神様」と、いきおいよく咲き誇る植物を飾ります。また園庭で小さな焚《た》き火をして、枝に刺したマシュマロやパンを焼いて食べたり、火が消えてくすぶっている煙の上を飛び越して、「火」や「熱」を体験します。

●ミカエル祭

秋分の日が近づくと、どんどん日が短くなり、夕暮れが早く訪れるようになります。外へ向かっていた人間の意識も、再び内へ内へと向かい始めます。この時に自我を強く保つことができないと、外界の暗さと共に人の気持ちも曇りがちです。夏の終わりから秋にかけて多くなる流星によって「鉄」の力が強く地球に働きかけます。この「鉄」の力により、私達は強い自我を持って、邪心《じゃしん》に打ち勝ち、長い冬の闇に向かう勇気を得るのです。「こどもの園」では、人々を苦しめる龍を鉄の剣で倒す聖ジョージのお話をします。季節のテーブルには、鉄のイメージの「赤」を使って、聖ジョージのお話の一シーンを作ります。子ども達と木の剣を作ったり、龍の形のパンを焼きます。

●クリスマス

クリスマスの四週間前から、クリスマスを迎える準備が始まります。アドヴェント・リースに立てた四本のろうそくに、一週ごとに一本ずつ火を灯《とも》してゆき、世界を形づくっている鉱物、植物、動物、人間のお話をします。ライゲンでは、先生も子どもも衣装をつけて、キリスト降誕劇をします。子ども達は毎回交代で、天使、マリア、羊飼いなどを演じます。回を重ねるごとに少しずつ役の中に入って行き、クリスマスの気分を厳《おごそ》かに、静かに、深く体験することができます。

このように、「こどもの園」には四つの行事を柱とした、大きな一年のリズムがあります。その間にも、花のフェスティバル、七夕、収穫祭、ウィンター・フェスティバル、アドヴェント・ガーデン、節分、ひな祭りなどがあります。一つひとつの行事の意味やその時の気分を、先生を始め周囲の大人達が、目覚めた意識をもって体験し、理解することによって、子ども達は必要な力を受けとることができるのです。

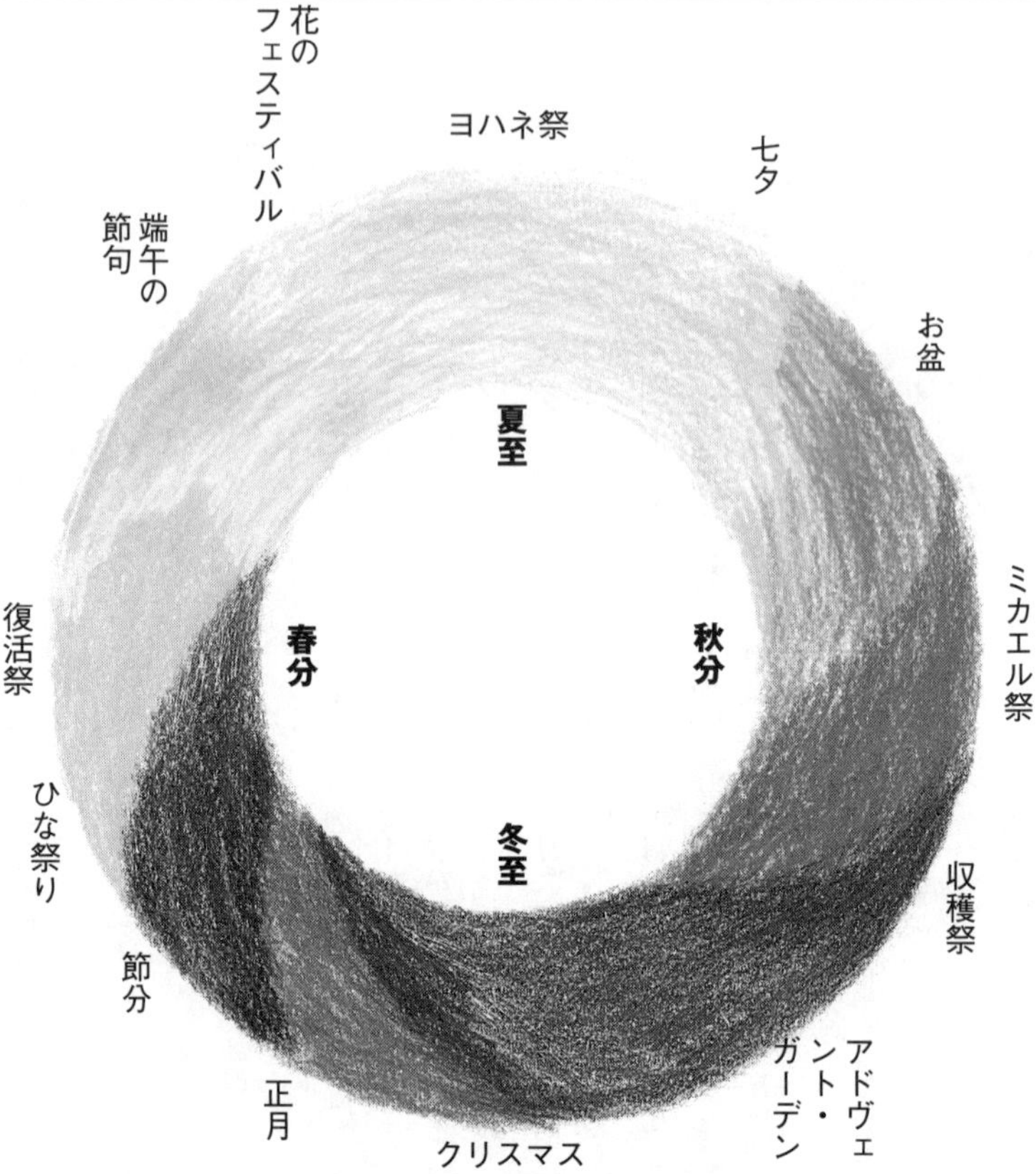

ひびきの村の幼稚園　こどもの園の1年間

「こどもの園」年間予定2002年度

〈1学期〉	〈2学期〉	〈3学期〉
4月 8日　始まりの日	9月 2日　始まりの日	1月20日　始まりの日
4月14日　イースターピクニック	10月11日 ミカエル祭	2月 3日　節分
5月 5日　子どもの日	10月25日 収穫祭	3月 3日　ひな祭り
6月 8日　花のフェスティバル	11月17日 ウィンターフェスティバル	3月14日　終りの日
6月24日　ヨハネ祭	12月 1日 アドヴェント・ガーデン	
7月 5日　七夕	12月20日 クリスマス会・終りの日	
7月19日　終りの日		

資料2

これらの情報は2002年時点のものです。ご了承下さい。

シュタイナー学校

ひびきの村「シュタイナーいずみの学校」

●八年間の担任

シュタイナー学校では、小学校に入学してから高校を卒業するまでの十二年間の一貫教育を目指しています。そして、低学年部を八年間（小学一年から中学二年まで）、高等部を四年間（中学三年から高校三年まで）と分けています。

ルドルフ・シュタイナーは、子どもが入学してから低学年部を終了するまでの八年間を、ひとりの先生が担任することが望ましいと考えました。一人ひとりの子どもの成長を見守り、それぞれの子どもが必要とする手助けを、必要な時に、必要なように行うためには、ひとりの先生が大きな視野に立って、長い間子どもを導くことが必要であると考えたからです。「シュタイナーいずみの学校」では、シュタイナーの示唆に従って、ひとりの先生が八年間担任することを原則としています。

●メインレッスン・ブック

「シュタイナーいずみの学校」では、一般の小学校で使っているような教科書は使いません。その代わりに、新しいメインレッスンが始まるたびに、子ども達にはB4サイズの大きさの（高学年になるに従ってノートのサイズは小さくなります）上質な画用紙を製本した、まっ白いノートが与えられます。メインレッスン・ブックと呼ばれるこのノートに、子ども達は学んだことを文章にし、またクレヨンや色鉛筆を使って絵に描き、時には図にします。こうして、ひとつのメインレッスンが終わる頃には、ノートはぎっしりと中身がつまった美しい本になります。

メインレッスンと専科

メインレッスンでは、国語、社会（歴史、地理）、理科（化学、物理、生物、気象）、算数（代数、幾何）など、いわゆる主要科目を学びます。メインレッスンは子ども達の集中力が最も高い朝八時三十分から十時二十分まで、毎朝一時間五十分の間行います。そして、同じ科目を三週間から四週間の間学びます。子ども達の学びが有機的なものであるように、専科の授業もメインレッスンに沿ったテーマで行います。

たとえば… 七年生は「気象」のメインレッスンの中で、古代の人々が精巧に石を配置して、毎年春分や秋分の日が来ることを正確に知ることが出来るようにした、と学びました。その時子ども達は「水彩画」の授業で、石と石の間を朝日が昇ってくる様子を描きました。そして「英語」の授業では、天候を表す言葉や言い回しを学び、「粘土」の授業では、土を捏《こ》ねて美しいストーンヘンジを作りました。（ストーンヘンジとは、英国にある、有史前の環状巨石群のことです）

その他に、専科は「音楽」「体育」（一年生から三年生までは「ゲーム」）、「園芸」「手芸」「木工」「読書作文」「フォルメン線描」「オイリュトミー」「宗教」があります。

専科を教える先生方と担任は常に話し合いを持ち、授業の進め方、子ども達の様子を確認し合います。そして、常に一人ひとりの子どもが必要なことを学び、必要な力を獲得しているかどうかを確かめます。

●校庭と教室

2002年1月、「シュタイナーいずみの学校」は移転しました。子どもの数が増え、校舎として使わせていただいていた元産院が狭くなったためです。学校としてふさわしいと考えている場所は、私達の経済力ではまだまだ手が届かず、5年間の期限付きで、工業団地の中の一角にある600坪の土地をお借りしました。

工業団地の中ではありますが、西には噴火湾と駒ヶ岳、北には有珠山と昭和新山、東には東山が見えます。そして、隣も前も子ども達が大好きな原っぱがひろがっています。

私達に心を寄せてくださる方々に支えられながら、そこに、父母と教師、「ひびきの村」のスタッフと子ども達が力を合わせて、72坪の校舎を建てました。プレハブ建築ではありますが、床、壁、天井には木を貼り、教室にはルドルフ・シュタイナーの考えに基づいてデザインされた五角形の木のドアが付けられました。温かく、清らかな「気」に満たされた空間で、今子ども達は一瞬一瞬をいきいきと生きています。

木の塀《へい》に囲まれた庭の雪がとける4月には、土をやわらかく耕して花の種を蒔《ま》き、木を植えようと楽しみにしています。初夏には色とりどりの草花木でいっぱいの庭になることでしょう。

●教職員会議

「いずみの学校」の教職員会議は毎週一回持たれます。また「ひびきの村」の教育活動に携わっているすべてのスタッフが集まり話し合う会議も毎月一回行われています。会議では、子ども達について、授業について、また、さまざまな課題について話し合います。そして教師は共に学び、私達の行為、思い、考えが、子どもの前に立つ者としてふさわしいものであるかどうかを確認し合います。

●運営

「いずみの学校」はルドルフ・シュタイナーの提唱した「社会三層構造」の考えの基に運営されています。教師は「精神の自由」を、運営委員（父母、教師）が「法の下《もと》の平等」を、父母が「経済の友愛」を担います。（実務は会計が担います。会計の仕事は父母と「ひびきの村」スタッフがしています）授業料は父母がそれぞれの生活と経済に従って決め、また、教師の給料は各教師がそれぞれの生活に必要な金額を請求します。不足分は「いずみの学校」にお心を寄せてくださる全国の皆さまと、「ひびきの村」から援助を受けています。

●行事

私達は季節の行事を教育の大切な部分だと考え、それぞれの季節にふさわしい数々の行事を行っています。春…女の子の美しい成長を願う「お雛《ひな》祭り」。長い冬が去り、自然界にあるすべての命と、キリストの復活を祝う「イースター」。夏…男の子の健やかな成長を願う「こどもの日」。野山に美しく咲く花々を楽しみ愛《め》でる「花のまつり」、暑い夏に向かって心身を備えるための「ヨハネ祭」。秋…「ミカエル祭」では、困難なこの時代に生きる人類を導く大天使ミカエルの存在を称《たた》えます。心静かに秋の一日を過ごす「お月見」。初雪が舞う頃には、長く寒い冬に備えるための「ウインター・フェスティバル」。「アドヴェント・ガーデン」では、キリストの降誕を迎える準備を。「クリスマス」にはキリストの降誕を感謝し祝います。

それぞれの行事で、子ども達は美しいお話や人形劇、音楽や歌、手芸を楽しみ、大勢の人達と歓《よろこ》びを共にします。そして、壮大な宇宙の動きによって生まれる自然のリズムの中で、自然の恵みに感謝し、自然と人が調和の内に共に生きることを体験します。

●誕生会

子ども達は一人ひとり、大切な使命をもって生まれてきました。生まれる時、場所、一緒に暮らす人…すべてはその使命を果たすために、子ども達が選んだのです。私達はそんな子ども達の誕生を心から称《たた》え、子ども達を励まし、支えるために「詩」を作り、祝います。

「シュタイナーいずみの学校」の様子と、学校で行われているさまざまな事を簡単にお伝えしました。

私達は、常により良い教育の実践を目指していますが、不完全であるが故の困難や失敗を繰り返します。それでも、「シュタイナーの人間観と世界観」を基にして行われる「シュタイナー教育」が目指しているものに、少しでも近づくことができるよう、この生まれたばかりの学校で、日々努力を重ねています。

今、日本のそこかしこで、シュタイナー学校を始めようとしている方々の声が聞こえてきます。この小さな資料が、皆さまのお力に少しでもなることができましたら嬉しく思います。

＜6・7年生＞

	時間	月	火	水	木	金
1	8：30～10：20	メインレッスン				
2	10：40～11：25	水彩画	英語	フォルメン	英語	書道
3	11：30～12：15	音楽	オイリュトミー	音楽	オイリュトミー	コーラス
4	13：15～14：00	読・作	手芸	園芸	体育	全校集会
5	14：05～14：50	粘土	手芸	園芸	体育	

（月～木）　14：50～15：05　そうじ
15：05～15：15　帰りの会（金）
14：00～14：15　そうじ
14：15～14：25　帰りの会

※コーラスは4・5年生、6・7年生合同クラス

＜8年生＞

	時間	月	火	水	木	金
1	8：30～10：20	メインレッスン				
2	10：40～11：25	オイリュトミー	リコーダー	オイリュトミー	リコーダー	パーカッション
3	11：30～12：15	英語	線描画	英語	水彩画	宗教
4	13：15～14：00	数学	体育	手芸	園芸	全校集会
5	14：05～14：50	合唱	体育	手芸	園芸	

（月～木）　14：50～15：05　そうじ（金）
15：05～15：15　帰りの会

※オイリュトミー、合唱、リコーダー、体育、園芸は8年生、9年生合同クラス

＜9年生＞（高等部）

	時間	月	火	水	木	金
1	8：30～10：20	メインレッスン				
2	10：40～11：25	オイリュトミー	リコーダー	オイリュトミー	リコーダー	線描画
3	11：30～12：15	数学	数学	数学	数学	水彩画
4	13：15～14：00	国語	体育	木工	園芸	全校集会
5	14：05～14：50	合唱	体育	木工	園芸	シェアリング
6	14：55～15：40	英語			国語	

（月～木）　15：40～15：50　そうじ
15：50～15：55　帰りの会（金）
14：10～15：00　シェアリング
15：00～15：10　そうじ
15：10～15：15　帰りの会

※オイリュトミー、合唱、リコーダー、体育、園芸は8年生、9年生合同クラス。
※全校集会は2年生から9年生まで合同。

シュタイナーいずみの学校　低学年部・高等部

2002年　1学期（4/8～7/19）時間割

＜1年生＞

	時間	月	火	水	木	金
1	8：30～10：20	メインレッスン				
2	10：40～11：25	手の仕事	オイリュトミー	手の仕事	オイリュトミー	音楽
3	11：30～12：00	そうじ・帰りの会				

※最初の2週間はメインレッスンのみ。3週めにオイリュトミー、4週めに手の仕事と音楽が加わります。

＜2・3年生＞

	時間	月	火	水	木	金
1	8：30～10：20	メインレッスン				
2	10：40～11：25	英語	芸術表現	英語	ことば	芸術表現
3	11：30～12：15	暮らしの仕事	手芸	水彩画	手芸	暮らしの仕事
4	13：15～14：00	オイリュトミー	音楽	オイリュトミー	音楽	全校集会

14：00～14：15　そうじ
14：15～14：25　帰りの会

＜4・5年生＞

	時間	月	火	水	木	金
1	8：30～10：20	メインレッスン				
2	10：40～11：25	音楽	体育	音楽	体育	ことば
3	11：30～12：15	オイリュトミー	英語	オイリュトミー	英語	コーラス
4	13：15～14：00	読・作	手芸	読・作	手芸	全校集会
5	14：05～14：50	暮らしの仕事				

（月～木）　14：50～15：05　そうじ
15：05～15：15　帰りの会（金）
14：00～14：15　そうじ
14：15～14：25　帰りの会

※コーラスは4・5年生、6・7年生合同クラス。
※「読・作」とは「読書・作文」のことです。

12月	アドベントガーデン⑩ 聖ニコラスの日⑪ 終業式 アセンブリー クリスマス・ コンサート・劇⑫	⑩子ども達はりんごに立てたロウソクの火を消さないように、静かに渦巻きの道を歩きます。「勇気」と「火」と「献身」を体験して、キリスト降誕を迎えるのです。 ⑪聖ニコラスが子ども達を訪れます。黄金の本には1年間に子どもがしたことが書かれていて、悪い子には炭が与えられ、良い子はクッキーをいただきます。(炭をもらう子どもは誰もいません) ⑫子ども達が歌をうたい、笛を吹きます。そして子ども達へのクリスマス・プレゼントとして、先生達がキリストの降誕劇をします。
1月	[3学期] 始業式 節分の豆まき⑬ (全校集会)	⑬この1年、健康に学び、働けるように願いをこめて豆まきをします。「鬼は外、福は内」と、子ども達が元気よく鬼めがけて豆を投げつけます。
2月	ひな祭り(全校集会) ⑭	⑭ひな人形を飾り、お店を開き、歌を歌い、子ども達、特に女の子の健やかな成長を願います。
3月	卒業式⑮ 終業式 アセンブリー	⑮「いずみの学校」で学んだことを、卒業生が一人ひとり発表します。彼らを見守り共に歩んできたお父さんお母さん、先生達がお祝いの言葉を贈り、皆で子ども達が新しい世界へ旅立つことを祝福します。
その他	誕生会 お休み	一人ひとりの子ども達の誕生日を祝います。教室にお父さん、お母さんや先生方を招いて誕生会を開きます。お父さんお母さんから、その子が生まれた頃の話を聞き、皆がお祝いの言葉を贈り、担任はその子のために作った詩を贈ります。願い事をして、ロウソクの火を吹き消したら、お母さんの手作りのケーキをいただきます。 5月のゴールデンウィーク、夏休み、秋休み、冬休み、そして春休みがあります。

ひびきの村「シュタイナーいずみの学校」2002年度年間行事予定

4月	[1学期] 入学式① 始業式 イースター・ピクニック② 春の遠足③ 父母向け公開模擬授業	①新しい仲間に加わったことを祝います。上級生が花を贈り、8年生が手を引いて、教室へ案内します。 ②ようやく雪が溶け、草花が一斉に芽吹く頃です。自然界の、そして私たちの生命の復活を祝うお祭りです。 ③春の野山、海岸でのピクニックなど、クラスごとに春の一日をすごします。
5月	端午の節句(全校集会) 8.9年生修学旅行④	④2002年には、マウイ島へ行きます。ハレヤカラ山でキャンプをし、またシュタイナー学校の父母宅にホームステイをします。
6月	フラワー・フェスティバル⑤	⑤遅い北国の春も爛漫です。春の訪れと共に、私たち自身も外へ向かい、輪を広げ、人と出会います。大人も子供も頭に花冠をのせ、歌い、奏で、陽気に躍ります。
7月	七夕(全校集会) 終業式 アセンブリー⑥	⑥1学期末のアセンブリーには、子ども達の家族、学校を支えてくださっている方々を招いて、学んだことを発表します。詩の朗唱、劇、合唱、ヴァイオリンの演奏などの発表、編み物、粘土、籠細工などの作品やメインレッスン・ブックの展示があります。
9月	[2学期] 始業式 お月見の会(夕方)⑦	⑦はるか昔、地球の中の「固くなる」という性質を携えて、地球の一部が宇宙へ向かいました。それが月になりました。子ども達は影絵劇の美しい物語を聞き、憧れと畏れの気持ちをこめて月を見上げます。
10月	ミカエル祭⑧ オープンハウス・バザー	⑧人類を守る大天使ミカエルのお祭りです。夏の間ざわめいていた私達の内側に静けさを取り戻し、感謝しつつ、収穫の秋を迎えるにふさわしい自分をととのえる……そんな時間を持つための集いです。劇や歌があります。
11月	ウインター・フェスティバル⑨	⑨冬ごもりの前に、皆で集まり劇、音楽、クラフト、バザー、カフェなどで大人も子どもも楽しく過ごします。

人智学共同体

ひびきの村のご案内

「ひびきの村」とは

「ひびきの村」は、1996年秋、北海道伊達市に創立されました。「ひびきの村」に集まる者は、ルドルフ・シュタイナーが示す世界観と人間観を学び、それを日々の生活の中で実践することを目指しています。「ひびきの村」はまた、物質の豊かさに幸せを求めるのではなく、内的な成長を遂げることを人生の目標と定めた人びとが共に学び、働く場所でもあります。

わたしたちが目標とする活動はこの世のいかなる権威にも依らず、またいかなる権威にも屈することのない、真に自由で自立した精神によって成される文化活動でなければならないと考えています。

●ミカエル・カレッジ

「ルドルフ・シュタイナーの思想を学ぶことによって、世界と人間を深く洞察し、ゲーテによる自然観察をすることによって、世界の法則と本質を見出し、宮澤賢治の世界を旅することによって、真理に対する畏敬の念を持ち、芸術活動をすることによって、美と調和を顕わし、社会三層構造を実践することによって他者と共に生きることができるようになる」という願いを込めて始められました。生きる意味と自らの使命を見出し、それをまっとうしたいと願う者が日本各地から集まり、共に学んでいます。

現在、ミカエル・カレッジには

■シュタイナー幼稚園・シュタイナー学校教員養成プログラム（TTプログラム）

■自然と芸術と人智学を学ぶプログラム（NAAプログラム）
■若者のためのアクティブ・ユースプログラム（AYプログラム）
■治癒教育家養成講座（短期集中）
■親が学ぶ治癒教育プログラム
■サマープログラム（夏季短期ワークショップ）

があり、また、午後の集中プログラム、年間を通してのさまざまなワークショップ、講座も持たれています。

【シュタイナー幼稚園・シュタイナー学校教員養成（TT）プログラム】

NAAプログラムを修了した方が、幼児教育者養成と小学校（1年～8年生）教員養成に分かれ、シュタイナー幼稚園、シュタイナー学校の教員として必要なことを、実践的に学ぶ2年目のプログラムです。1学期には1週間の授業見学を、2、3学期にはそれぞれ4週間の教育実習を行います。また、同時に子どもの発達、カリキュラム、授業の組み立て方、授業の方法、教師のためのインナーワーク、教員会議の持ち方、学校運営など、実践的に学びます。

【自然と芸術と人智学を学ぶ（NAA）プログラム】

自然と世界から多くを学び、さまざまな芸術活動を行い、ルドルフ・シュタイナーの世界観と人間観（人智学）を学ぶことによって、世界と人間に対する真の認識を獲得することを目指します。その認識はわたしたちを他者と自分自身とに出会わせ、同時に自らの使命を見出す力となるにちがいありません。1年間のコースですが、3ヵ月（1期）または短期の受講も可能です。また、このプログラムは教員養成プログラムに進むための基礎コースでもあります。

NAA=NATURE,ART and ANTHROPOSOPHY

【アクティブ・ユース（AY）プログラム】

16歳から22歳の若い人のためのプログラムです。世界を認識する真の思考と、世界を生き生きと感じる真の感情、そして、考え、感じたことを行為にうつす真の意志を育み、人生の次のステップへ進む準備をするための学びの場です。

世界地理、世界史、世界文学、経済、美術、手工芸、自然科学、コーラス、リコーダー、ハンドベル、野外活動、ボランティアワーク、など。

【シュタイナー治癒教育家養成講座】

ルドルフ・シュタイナーは「教育のすべてが治癒であり、治療である」と言いました。彼の世界観と人間観を基に行われるシュタイナー教育は、「子どもを治癒する力」を持っています。現に、世界の多くのシュタイナー学校では専門家によって「治癒、治療教育」が行われ、困難を抱えている子どもたちのために特別に配慮された教育を行い、成果をあげています。

わたしたちが、子どもたちが抱えている困難を共に担い、子どもたちが意味深い人生を歩むことができるよう、そして子どもたち一人ひとりが持つ使命を果たすことができるよう、「シュタイナー治癒教育」を多くの方々とご一緒に学びたいと願って、スタートしました。（2年間に6回の集中講座、2回の実習を行います。）

【親が学ぶシュタイナー治癒教育プログラム】

シュタイナー教育の基礎とシュタイナー治癒教育を学びます。そして、一人の人間として、また、親としてどう生きるかを模索し、同時に子どもの困難を共に担うことを考えます。

【サマープログラム】

7月末〜8月末に4泊5日で行う短期講座です。シュタイナー治癒教育、シュタイナー幼児・学校教育、インナーワーク、ゲーテの自然観察、人智学、言語造形、オイリュトミー、水彩画などを学び体験します。また、恵まれた自然の中で野外活動をします。子どもプログラムが併設され、親も子どももそれぞれが豊かな時間を過ごしています。毎年たくさんのご家族や単身者が、海外からまた全国から参加されています。

【ラファエル・スクール】

すべての子どもが共に学ぶシュタイナー学校

学習困難、発達障害など、さまざまな課題を持つ子ども、持たない子ども…すべての子どもが共に学ぶシュタイナー学校です。ルドルフ・シュタイナーの人間観と世界観を基に、子どもたち一人ひとりの必要に応える教育を実践しています。子どもたちは美しい自然の中で、「ひびきの村」で仕事をする人、学ぶ人たちに温かく見守られながら豊かな時を過ごしています。

【フォーレストベイ・ナーサリースクール　保育園】

2〜6歳の子どもたちが幸せに子ども時代を過ごす場所です。美しく整えられたお部屋の中では、先生と一緒に手仕事をし、調理や掃除を手伝い、また自然素材のおもちゃを使って自由に、創造的に遊びます。外では木に登り、草原で寝転び、花とお話しし、風を追い、雲を眺《なが》め、農場ではニワトリに餌《えさ》を与え、土をこね、馬やヤギと遊びます。雨や雪の日はお話をきき、歌をうたい、お昼寝をします。みーんな子どもたちが大好きなことばかりですね！

【ユースセクション・ジャパン　若者の活動の場】

世界中の若者たちが出逢う場所です。自分自身と、他者と、そして世界と真摯《しんし》に向き合い、自分自身をより良い存在にすることによって、世界をより良い場所にしたいと願っている若者たちが、それぞれの内に生まれた衝動を実現すべくボランティアワーク、コンフェレンス、ワークショップなどを企画し、実践しています。

【ウィンディーヒルズ・ファーム】

「ウィンデーヒルズ・ファーム」は「ひびきの村」に暮らし、学ぶ人々が自らの手で自らの食物をつくることを目指しています。そのためにルドルフ・シュタイナーが示したバイオダイナミック農法を学び、実践しています。野菜とハーブを育て、加工品を作り、また鶏やヤギ、馬との共同生活を通して、共に生かされていることを実感しています。

【えみりーの庭　クラフトショップ】

手作りの人形やおもちゃ、絵本、手染めの布、蜜蝋《みつろう》ロウソク、シュタイナー学校で使われている教材、また「ひびきの村」代表　大村祐子の著作などの販売を行っています。

【レインボーカフェ】

晴れ晴れと広がる眺めを望みながら、まばゆい陽の光を浴び、太陽から送られるあつい熱に浸り、海から、そして山から吹く風にあたりながら啜《すす》るお茶の味は格別です。草の上に置かれたテーブルで、テラスで、雨の日はガラスばりの室内で…どうぞ！

【キースキャンプ場】

緑の木々に囲まれた小高い丘の上に広がるキャンプ場です。「ひびきの村」で開催される行事や講座に参加される方々が宿泊されます。

【季節の行事など】

花のフェスティバル、聖ヨハネ祭、ミカエル祭、十五夜、ハロウィン、アドベント・ガーデン、ファミリー・クリスマス、キャロリング、聖なる十二夜、復活祭など。また、さまざまな公演、コンサート、ナイトカフェもあります。

【ビジタープログラム】

「ひびきの村」を体験、訪問されたい方、また農場での実習、短期間の受講を希望される方など、どなたにもお出でいただけます。詳しくはお問合せください。

【「ひびきの村」の所在地】

牧草の生える美しい丘の上にあります。噴煙をあげる勇壮な有珠山《うすさん》、初々しい山肌を見せる昭和新山、美しくたおやかな羊蹄山《ようていざん》に囲まれ、目の前には噴火湾が広がっています。すばらしい自然の四季の移り変わりが、「ひびきの村」に豊かな彩りを添えてくれます。

【「ひびきの村」へのアクセス】

・新千歳空港からJRで約1時間半　伊達紋別駅下車後タクシーで15分です。
・上野からJR寝台特急で約14時間半　伊達紋別駅下車。

・車でお出でになる場合は、フェリーを利用されると便利です。苫小牧港からは道央自動車道にのり、伊達インターチェンジで降りてください。室蘭港からは国道37号線に出、函館方面に向かってください。所要時間は苫小牧から約1時間45分、室蘭から45分です。

【宿泊・住居について】

敷地内のミカエル・カレッジ寮やコッテイジ、スタッフの宿舎にお泊りいただくことができます。詳しくは事務局にお問合せください。

【お問合せ先】

「ひびきの村」事務局　〒052—0001 北海道伊達市志門気町6—13
電話：0142—25—6735　ファックス：0142—25—6715
e-mail：info@hibikinomura.org　ホームページ：http://www.hibikinomura.org

「ひびきの村」ミカエル・カレッジ

サマープログラム

「ひびきの村」では毎年7月の末から8月の末までの1ヶ月間、さまざまなプログラムを行っています。毎年1月になると「サマープログラム」のためのミーティングを持ち、「今、皆さんが必要とされていることは何なのか?」「今『ひびきの村』は、世界に何を求められているのか?」と考え、話し合い、内容を決めます。

大人も子どもも…独身の方もご家族をお持ちの方も…お仕事や子育てに一段落された方も…学校で学ばれている方も社会に出て働いている方も…生きることを深く考えたい方も…夏のひとときを静かに過ごされたい方

も…どなたにもお出でいただけるよう、毎年、さまざまなプログラムを用意しております。

北海道の大自然の中でシュタイナー教育を学び、体験し、さまざまな芸術を行い、そして話し、考え、感じ…皆さまが真のご自身と出会い、より自由で豊かな人生を歩まれるお手伝いができましたら、これほど嬉しいことはありません。

普段は日常生活から離れることが難しい方も、この機会に「ひびきの村」へ是非お出でください。全国からお出でくださるさまざまな方々との素晴らしい出会いもあります。また、幼児のためのプログラムもあります。「小さい子どもがいるから…」といって諦めず、どうぞご相談ください。

このプログラムは「ひびきの村」のスタッフをはじめ「フォレストベイ・ナーサリースクール」「ラファエルスクール」の子供たちと父母、ミカエル・カレッジで学ばれている方々、また、日本全国から集まってこられるボランティアの方々によって行われます。会場の掃除、お昼ご飯の用意、託児、キャンプの準備等々…皆さまが必要なことを学び、体験されるために、また心地よく過ごされ、心身が癒されるために、多くの人が心を合わせ、力を合わせてつくりあげられています。

ご家族で参加される方々のための、割引もあります。どうぞ、お出でください。

ラファエル・スクール

～治癒教育を必要としている子どものためのシュタイナー学校～

【ラファエル・スクールとは】

…「学ぶこと」「生きること」「人と共に暮らすこと」がうれしい！…と子どもたちが感じられるように、そして自らの人生を力強く生き、子どもたち一人ひとりが持つそれぞれの使命を全うすることができるように、わたしたちはルドルフ・シュタイナーの人間観に基づく治癒教育を実践するラファエル・スクールを始めました。

ルドルフ・シュタイナーの人間観と世界観を基に、学習困難、発達障がいなど、その個性がもたらす様々な課題を持つ子どもたち、そして、特別な課題を持たない子どもたちが共に学ぶシュタイナー学校です。人智学共同体「ひびきの村」の中にあり、子どもたちはそこで暮らす人、仕事をする人、学ぶ人たちに温かく見守られながら学んでいます。

わたしたちは次の言葉をラファエル・スクールの礎石とします。

『子どもたちができないことを数え上げて、「…だからわたしには教育できない」と考えるのではなく、「…だからわたしはこの子と共に生きよう」と決めること』（ルドルフ・シュタイナーの言葉より）

話す、書く、聞く、読む、計算する、推論する…学び、成長する過程で、子どもたちはこれらの力を獲得していきます。けれど最近とみに、ある特定の能力を獲得することが難しい子どもたちが増えてきました。これまで私たちは、その原因を「子どもの努力が足りないため」と考え、子どもたちに更に学ぶこと、もっと練習することを無理強いしてきました。そしてその結果、子どもたちをますます萎縮《いしゅく》させ、追い詰め、自信を失わせ、生きる希望までも取り上げることになっていったのです。

けれどそれは、子どもたちが怠けているためではなく、子どもたちの内に、あるいは子どもたちの外にある何らかの障がいが、子どもたちにそれらの能力を獲得することを妨げていることに原因があるのです。身体の発育過程に、あるいは人との関係の中に、あるいは子どもを取り巻く環境に…困難をもたらす原因は様々です。

わたしたちはどのようにして、この子どもたちを助けることができるのでしょうか? まず、わたしたちは子どもが抱えている課題を見極めなければなりません。そして、それがどのような困難によってもたらされたものであるかを考える必要があります。そうしてはじめて子どもに、課題をもたらしている原因が明らかとなり、それに立ち向かう態度と方法が見出されるのです。

【ラファエル・スクールの子どもたち】

ラファエル・スクールの子どもたちは「遊ぶこと」が大好きです。「友だち」が大好きです。「動物」が大好きです。「花や草や木」が大好きです。「野原や海や川や山」が大好きです。「青い空や白い雲」が大好きです。「星と月とお日さま」が大好きです。そして、それと同じくらい子どもたちは「学ぶこと」が好きなのです。もちろん、お父さんもお母さんも、おじいちゃんも、おばあちゃんも、お兄ちゃんも、お姉ちゃんも、妹も、弟も、赤ちゃんも、先生も大好きです!

ラファエル・スクールには子どもが大好きなものがどっさりあります。大好きなものにかこまれ、大好きなものと関わり、大好きなものから学ぶ…こうして、ラファエル・スクールの子どもたちはいつもいきいきと自分を生きています。

【教育内容】

それぞれの年齢にふさわしい、意志を育てるために繰り返し行う身体活動、感情を育てるための芸術活動、そして思考の力を育てるための科学を学びます。また、恵まれた自然環境を活かした野外での活動を、多く取り入れています。また、必要とする子どもたちは治癒教育家の観察、問診を受けて、一人ひとりにふさわしいエクスサイズ、セラピーなどを受けます。

【子どもが抱える課題とは】

今、様々な理由で通常のクラスでの学びが困難な子どもたちが沢山います。情緒・行動などの学習障害やアスペルガー症候群などの軽度発達障害、その2次的症状、また、非常にユニークな個性、突出した個性などに対する周囲の理解や認識が得られず、多くの子どもたちが大変困難な状況にあります。

その困難な状況の中で必死で耐え続けてきた彼らが、思春期を迎え、大人になった時、深刻な精神的障害や行動障害、社会的自立が困難な状態などに陥ってしまうことがあります。この状況は、ひとりの人間として成長するための基礎を形成する子ども時代の、心身の保護と調和ある発達のために、私たちが今すぐに行動を始めなければならないことを示しています。

課題を持つ子どもたちは、自らの苦難と痛みを持って、私たちのかわりに現代社会の傷を担ってくれている存在なのです。

【芸術的治癒教育個別セッション】

全日制の教育活動とは別の、治癒教育の実践活動です。さまざまな方法で保護を求める子ども（発達障がい、不登校など）の心身に、治癒的に働きかける個別セッションを、毎週定期的に行います。

【個別セッションの内容】

約1時間の個別セッション。曜日／時間／回数は面談の上、必要に応じて決定します。

子どもの魂の成長に必要な「食べ物」を与えるための、芸術的治癒教育の最も大切な3大要素（想像性豊かな遊びと活動、わらべうた、昔話）を基盤に構成され施術されるプログラムです。必要に応じて絵画や音楽などの芸術テラピーも行われます。芸術的かつ創造的な体験を通して、自分という存在への信頼が養われ、やがてひとりの自由な人間として羽ばたいてゆけるための治癒的な働きかけをします。

【平成18年度活動】

・全日制治癒教育
・放課後芸術治癒教育個別プログラム
・ひびきの村サマープログラム　課題を持つ子どもたちのための治癒プログラム
・治癒教育者、川手鷹彦氏　舞台公演と治癒教育講座
・治癒教育者、バーバラ・ボールドウィン氏　シュタイナー・治癒教育家養成講座
・個別治癒カウンセリング（バーバラ・ボールドウィン氏／川手鷹彦氏）
・ラファエル・スクール&治癒教育活動サポート・ネットワーク

【ひびきの村ラファエル・スクール　連絡先】

「ひびきの村」ミカエル・カレッジ事務局内　〒052―0001　北海道伊達市志門気町6―13
電話：0142―25―6735（月～金9：00～15：00）ファックス：0142―25―6715
e-mail：Raphael@hibikinomura.org　ホームページ：http://www.hibikinomura.org

親と子の教育を軸にシュタイナーを知り学ぶ6冊！

第2期　自分を育てて子どもと向き合う

家庭でできるシュタイナー教育に学ぶ通信講座

親と子のより良いあり方を考えるシュタイナー教育

わかりやすいと大変評判です

「ひびきの村」
ミカエル・カレッジ代表
大村祐子著

全6冊セット割引価格8,000円（税込）送料無料
一般価格 1〜6号各定価1470円（税込）送料無料

第2期では、子どもを持つ「親」を見つめ直し、子育て、教育を考えます。子どもを導く「親」として、過去の自分の姿を振り返り、より豊かな未来を描くエクスサイズを通して人生の7年周期などをテーマにご一緒に考えましょう。

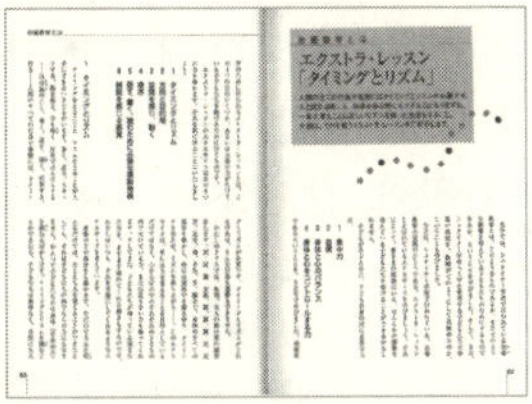

❶シュタイナー教育から学ぶ「愛に生きること」

現代に生きるわたしたちの7つの課題／子どもの成長段階…0歳から3歳まで／シュタイナーによる人生の7年周期…21歳から28歳まで／思考の力を鍛える／治癒教育

❷シュタイナー教育と「17歳、荒れる若者たち」

17歳はなぜ荒れるのか？／子どもの成長段階…4歳から6歳まで／シュタイナーによる人生7年周期…28歳から35歳まで「人生の危機に向き合う」／意志の訓練／治癒教育

❸シュタイナーの示す人間の心と精神「自由への旅」

現代に生きるわたしたちの7つ課題／子どもの成長段階…7歳から9歳まで／シュタイナーによる人生の7年周期…35歳から42歳まで「精神的な生き方へ向かって」／治癒教育

❹シュタイナー思想に学ぶ「違いをのりこえる」

子どもの成長段階…9歳／シュタイナーによる人生の7年周期…42歳から49歳まで「人生の後半をどう生きるか？」／世の中を肯定的に見る目を養う／ホーム・ケア「お腹がいたいの」

❺シュタイナーが示す「新しい生き方を求めて」

子どもの成長段階…12歳から14歳まで「思春期の入り口で」／シュタイナーによる人生の7年周期…49歳から56歳まで「人生の完成に向かって」／先入観をすてて世界と向き合う

❻シュタイナー教育と「本質を生きること」

子どもの成長段階…14歳から18歳まで「真理をもとめて」／人生の7年周期…56歳から63歳「人生を完成させる」／調和された存在になるために／仲間はずれにされる子どものために

■ご注文について　お近くの書店にない場合は、小社の通信販売をご利用ください。定価1260円以上の書籍のお届け送料は無料です。（株）ほんの木　TEL03-3291-3011　FAX03-3291-3030

0歳〜7歳のお子さんを持つお母さん、お父さんのための子育て書

家庭でできる シュタイナーの幼児教育

大好評!

この本が誕生するまで…

この本は2002年から3年間にわたり18冊発行した、小社刊「子どもたちの幸せな未来」シリーズの中から、シュタイナー幼児教育のポイントをまとめた総集編です。だれでも家庭で実践できる、0歳〜7歳までの子育て、教育の叡智が豊かに描かれています。

定価1,680円（税込）
ほんの木編／送料無料

わかりやすい、知りたいことがいっぱいの「10章・40のテーマ」

第１章　シュタイナー幼児教育入門
第２章　心を見つめる幼児教育
第３章　「しつけ」と「叱り方」
第４章　シュタイナー幼稚園
第５章　シュタイナー教育と芸術
第６章　シュタイナー教育の目指すもの
第７章　世界のシュタイナー教育
第８章　子育ての悩み
第９章　「病気と健康」、「性と体」
第10章　シュタイナー教育相談室

本書にご登場・ご協力いただいた28名の方々

高橋弘子さん（那須みふじ幼稚園園長）
吉良 創さん（南沢シュタイナー子ども園教師）
としくらえみさん（シュタイナー絵画教師）
高久和子さん（春岡シュタイナー子ども園教師）
西川隆範さん（シュタイナー研究家・翻訳家）
堀内節子さん（にじの森幼稚園前園長）
森 章吾さん（シュタイナー研究者）
大村祐子さん（ミカエル・カレッジ代表）
松浦 園さん（なのはな園教師）
亀井和子さん（東寺尾幼稚園園長）
大嶋まりさん（シュタイナー学園教師）
高久真弓さん（オイリュトミスト）
広瀬牧子さん（シュタイナーを学ぶ母親の会）
今井重孝さん（青山学院大学教授）
仲 正雄さん（シュタイナー治療教育家）
秦理絵子さん（シュタイナー学園校長）
内海真理子さん（京田辺シュタイナー学校教師）
山下直樹さん（治療教育家）
須磨柚水さん（元アメリカ在住）
重野裕美さん（ドイツ在住）
渡部まり子さん（シュタイナー教育教師）
ウテ・クレーマーさん（モンチアズール代表）
森尾敦子さん（横浜シュタイナーこどもの園）
高草木 護さん（医師）
大住祐子さん（シュタイナー医療研究家）
小貫大輔さん（東海大学助教授）
入間カイさん（翻訳家）
大村次郎さん（ひびきの村ユースセクション）

■ご注文について　お近くの書店にない場合は、小社の通信販売をご利用ください。定価1260円以上の書籍のお届け送料は無料です。（株）ほんの木　TEL03-3291-3011　FAX03-3291-3030

著者　大村祐子プロフィール

1945年生まれ。東京で育つ。1987年、カリフォルニア州サクラメントのルドルフ・シュタイナー・カレッジ教員養成、ゲーテの自然科学・芸術コースで学ぶ。1990年から1992年までサクラメントのシュタイナー学校で教える。1991年から日本人のための「自然と芸術コース」をカレッジで開始。1996年より教え子らと共に、北海道伊達市でルドルフ・シュタイナーの思想を実践する日本で初めての共同体「ひびきの村」をスタートさせる。1998年帰国。「ひびきの村」代表。著書は、第1期、第2期、第3期シュタイナーに学ぶ通信講座の他に、シュタイナーとの出会いとその実践を綴った感動のエッセイ「わたしの話を聞いてくれますか」「創作おはなし絵本シリーズ」①②、人生の7年周期説の著作、「昨日に聞けば明日が見える」(小社刊)がある。ひびきの村「教員養成コース」「自然と芸術と人智学のプログラム」その他各教師。
単行本の最新作は2006年7月末発売、「子どもが変わる魔法のおはなし」(小社刊)。

ひびきの村
シュタイナー教育の模擬授業
大人のための幼稚園・小学校スクーリングレポート

2001年6月16日　第1刷発行
2006年7月29日　第3刷発行

著者　大村祐子
発行人　柴田敬三
発行所　株式会社ほんの木

〒101-0054 東京都千代田区神田錦町3-21　三錦ビル
TEL.03-3291-3011
FAX.03-3291-3030
E-mail info@honnoki.co.jp
http://www.honnoki.co.jp/
競争のない教育と子育てを考えるブログ
http://alteredu.exblog.jp

印刷所　株式会社チューエツ
ISBN4-938568-89-6